Franziska Lanig

Chatbots und ihre Potentiale während der Customer Journey

Bibliografische Information der Deutschen Nationalbibliothek:

Die Deutsche Nationalbibliothek verzeichnet diese Publikation in der Deutschen Nationalbibliografie; detaillierte bibliografische Daten sind im Internet über http://dnb.d-nb.de abrufbar.

Impressum:

Copyright © Science Factory 2021

Ein Imprint der GRIN Publishing GmbH, München

Druck und Bindung: Books on Demand GmbH, Norderstedt, Germany

Covergestaltung: GRIN Publishing GmbH

II

Inhaltsverzeichnis

Abkürzungsverzeichnis

AI:	Artificial Intelligence
CC:	Conversational Commerce
CJ:	Customer Journey
CX:	Customer Experience
ML:	Machine Learning
SLA:	Systematische Literaturanalyse
TP:	Touchpoint
UX:	User Experience

Abbildungsverzeichnis

1 Einführung in die Thematik

Die digitale Transformation hat das gesellschaftliche und wirtschaftliche Leben maßgeblich verändert. Die permanente Erreichbarkeit der Menschen und die ständige Verfügbarkeit von Wissen und Informationen prägen das Verhalten sowie die Bedürfnisse der Kunden nach einem schnellen und individuellen Service (Kruse Brandão und Wolfram 2018). Zudem sind Unternehmen mit ständigen Änderungen der Kundenanforderungen konfrontiert, welche wiederum die Dynamik der Customer Journey (CJ) beeinflussen. Dies erschwert es den Unternehmen zusätzlich, die individuellen Bedürfnisse der Kunden zu verstehen, diese in die betriebliche Realität abzubilden und langfristig gesehen, die für den wirtschaftlichen Erfolg verantwortliche Customer Experience (CX) zu optimieren. Die steigende Komplexität der CJ und die Geschwindigkeit, mit der sich die digitale Welt als auch die Kundenbedürfnisse verändern, erfordern innovative und intelligente Möglichkeiten, um die Informationen und Angebote entlang der gesamten CJ zur richtigen Zeit und am richtigen Ort platzieren zu können.

Ein möglicher Lösungsansatz bietet der Einsatz von Artificial Intelligence (AI) in Form von sprach- oder textbasierten Interfaces, auch Chatbots genannt (Dale 2016). Chatbots als ein Tool der AI besitzen das Potential die Interaktion mit dem Kunden über die unterschiedlichen Kaufphasen auf eine neue Ebene zu setzen, die Kundenkommunikation effizienter zu gestalten und so die Grenzen der Produktivität zu erweitern. Chatbots sind „digitale Dialogsysteme", die in der Lage sind auf Basis der natürlichen Sprache einen automatisierten Dialog zu führen. Die Aufgabengebiete sind dabei vielfältig und lassen sich theoretisch in vielen Bereichen innerhalb der CJ integrieren

(Wagener 2019). Conversational Commerce (CC), als eine neue Form der Kundenkommunikation, ermöglicht es den Unternehmen die Interaktion mit den Kunden durch den Einsatz von Chatbots intelligent zu automatisieren und den Kunden aus dem Dialog heraus zum Produktkauf zu motivieren (Gentsch 2019). Die Implementierung von Chatbots ist trotz der medialen Aufmerksamkeit und Aktualität dieser Thematik noch lange nicht im Alltag der Kunden angekommen. In einer veröffentlichten Online-Umfrage zu den aktuellen E-Commerce Trends 2020 des Online-Preisvergleichsportal „Idealo", gaben mehr als die Hälfte aller Befragten an, sich noch nie wissentlich mit einem Chatbot innerhalb des Kundenservice unterhalten zu haben (Rehse 2020). Nicht nur in der Praxis, auch in der wissenschaftlichen Literatur sind die möglichen Potentiale und Einsatzmöglichkeiten von Chatbots entlang der CJ weitestgehend unerforscht. Mithilfe einer systematischen Literaturanalyse (SLA) sollen mögliche Potentiale durch den Einsatz von textbasierten Chatbots entlang der CJ ermittelt und aufgezeigt werden.

Im Fokus dieser Bachelorarbeit steht dabei die Beantwortung der folgenden Forschungsfragen:

- Was sind die Motive für den Einsatz von Chatbots aus Kunden- und Unternehmenssicht?

- Wie können Unternehmen im digitalen Zeitalter Kunden mit ihrem komplexen Informations- und Kaufverhalten entlang der CJ durch den Einsatz von Chatbots optimal begleiten? Welche Potentiale ergeben sich daraus für die Unternehmen?

Das übergeordnete Ziel dieser Bachelorarbeit ist es, diese Forschungslücke zu schließen und darüber hinaus aufzuzeigen, welche Potentiale sich durch den Einsatz von textbasierten Chatbots entlang der CJ ergeben.

Zur Beantwortung der Forschungsfragen gestaltet sich der Aufbau der Bachelorarbeit wie folgt: Zunächst werden die relevanten und theoretischen Grundlagen zur Thematik Chatbot und CJ erläutert und aufgezeigt. Um den idealen Weg der Kunden von der ersten Kontaktaufnahme bis hin zum letztendlichen Kaufabschluss nachvollziehen zu können, werden die identifizierten Potentiale entlang der drei Kaufphasen (Vorkauf-, Kauf- und Nachkaufphase) nach dem Prozessmodell von Lemon und Verhoef (2016) zugeordnet (siehe Kapitel 2.2.3). Die Studie von den Autoren Lemon und Verhoef mit dem Titel *„Understanding Customer Experience Throughout the Customer Journey"*, ist eines der bekanntesten und am meisten zitierten Modelle in diesem Bereich, weshalb es für diese Bachelorarbeit als theoretische Fundierung herangezogen wird. Im Anschluss erfolgt die Einordnung und inhaltliche Zusammenfassung der beiden Themenfelder in den Themenbereich des CC, welches als Interface für AI-gestützte Services den effektiven Einsatz von Chatbots entlang der CJ ermöglicht. Kapitel 3 konkretisiert die angewendete Forschungsmethode dieser Bachelorarbeit. Mithilfe einer SLA soll der aktuelle Forschungsstand zu den Motiven und Potentialen von Chatbots anhand aktueller Studien und Konferenzen zusammengetragen und systematisiert werden. Aufgrund der vorgenommenen Einteilung in die zuvor bereits erläuterten Kaufphasen, können die ermittelten Potentiale von Chatbots für die CJ bei der Präsentation der Ergebnisse in Kapitel 4, am übersichtlichsten darstellt und eingeordnet werden. Im fünften Kapitel werden die erzielten Ergebnisse aus der Literaturanalyse diskutiert, theoretische und praktische Implikationen und Limitationen aufgezeigt sowie ein Einblick in die zukünftige Forschungsagenda gewährt. Trotz des steigenden Interesses von Unternehmen Chatbots in ihre Unternehmensprozesse zu integrieren, äußern viele wissenschaftliche Studien ihre Bedenken und betonen mögliche Herausforderungen, Risiken und überhöhte Erwartungen der Kunden an die Fähigkeiten und Möglichkeiten dieser Technologie (Følstad et al. 2018; Grudin und Jacques 2019; Zamora 2017). Auf Basis der Untersuchungsergebnisse können Empfehlungen für die zukünftige Forschung abgeleitet werden, um den Einsatz von Chatbots entlang der CJ weiter zu fördern. Das letzte Kapitel dieser Bachelorarbeit beinhaltet abschließend ein kurzes inhaltliches Fazit.

2 Theoretischer Hintergrund

In diesem Kapitel werden die relevanten und theoretischen Grundlagen zur Thematik Chatbot und CJ erläutert. Dazu werden zunächst die Begrifflichkeiten rund um das Thema Chatbot beschrieben, mit dem Ziel, einen Überblick über die historische Entwicklung, Definitionen, Arten und Klassifizierungen zu gewährleisten. Die begrifflichen Grundlagen der CJ inklusive des Prozessmodells von Lemon und Verhoef (2016) werden in Kapitel 2.2 thematisiert. Abschließend werden die beiden Themenfelder in den Kontext des CC gesetzt und inhaltlich zusammengefasst. Die Erkenntnisse auf Basis der theoretischen Fundierung werden anschließend dafür verwendet, das Prozessmodell von Lemon und Verhoef (siehe Kapitel 2.2.3) um fehlende Aspekte zum Themengebiet Chatbot zu ergänzen.

2.1 Historische Entwicklung von Chatbots

Durch die voranschreitende Digitalisierung und den sich daraus ergebenden technologischen Entwicklungen und Innovationen im Bereich der künstlichen Intelligenz sowie der Verarbeitung natürlicher Sprache, haben textbasierte Chatbots als eine Erscheinungsform der „Conversational Interfaces" zunehmend an Bedeutung gewonnen (Brandtzaeg und Følstad 2017; Fiore et al. 2019b; Klopfenstein et al. 2017). Hinter dem Trend-Thema „Chatbot" verbirgt sich jedoch keine neue Technologie. Der Begriff hat schon einige Meilensteine hinter sich und existiert seit den frühen Anfängen der Mensch-Maschinen Interaktion (Khan und Das 2018). Inspiriert durch den von Alan Turing in den 1950er Jahren eingeführten „Turing Test" mit der Fragestellung „Can a Machine Think?", begannen Wissenschaftler Computerprogramme zu entwickeln, die einen menschlichen Kommunikationspartner simulieren sollten (Turing 1995). Der erste, wohl berühmteste Chatbot mit dem Namen „ELIZA" wurde 1966 durch den Informatiker Joseph Weizenbaum eingeführt und ist als Vorläufer aller Chatbots bekannt (Spierling 2018). Durch technologische Weiterentwicklungen im Bereich der AI konnten Chatbots ab dem Jahr 1980 durch technologische Fortschritte im Kontext des Machine Learning (ML) einfacher trainiert und implementiert werden (Radziwill und Benton 2017). Um das Jahr 2016 nahm, durch die Integration von Chatbots innerhalb von Messenger-Plattformen, die Implementierung der Technologie rasant zu (Dale 2016). Die zunehmende Beliebtheit zahlreicher Messaging-Plattformen, wie Facebook Messenger, Skype, Slack, WeChat und Telegram, veranlasst immer mehr Unternehmen in die automatisierte Kundenkommunikation zu investieren (Følstad und Brandtzæg 2017). Aufgrund der starken Relevanz und der ansteigenden Implementierung befasst sich der nachfolgende Teil mit den begrifflichen Grundlagen rund um das Thema Chatbot. Da sich der Fokus dieser Bachelorarbeit weniger auf die technischen Aspekte von Chatbots, sondern vielmehr auf die wirtschaftlichen Potentiale richtet, finden die technischen Komponenten und Funktionsweisen keine nähere Betrachtung.

2.1.1 Definitionen und begriffliche Grundlagen

Chatbot. Die Begriffsbezeichnung „Chatbot" setzt sich aus den beiden englischen Wörtern „to chat" [deutsch: plaudern] und „bot" [deutsch: Abkürzung von Roboter] zusammen (Zumstein und Hundertmark 2017). Als gängige Bezeichnungen werden die Begriffe „machine conversation system", „virtual agent", „conversational agent", „dialogue system", „bot" oder „chatterbot" als Synonyme verwendet (Ikumoro und Jawad 2019; Shawar und Atwell 2007). Im weiteren Verlauf dieser Bachelorarbeit wird aus Gründen der Übersichtlichkeit der Begriff „Chatbot" als Oberbegriff verwendet. Innerhalb der wissenschaftlichen Literatur existieren unterschiedliche Definitionen für den diesen Begriff. Laut Zumstein und Hundertmark (2017) ist ein Chatbot „(...) *a computer program, which simulates human language with the aid of a text-based dialogue system"* (Zumstein und Hundertmark 2017, S. 98). Thies et al. (2017) betonen dabei die Fähigkeit eines Chatbots menschliche Konversationen zu simulieren: *„A chatbot is an artificially intelligent chat agent that simulates human-like conversation"* (Thies et al. 2017, S. 441). Laut Dale (2016) besteht die Aufgabe eines Chatbots darin, die Unterhaltung mit einer Maschine über den Dialog sowie dem Einsatz der natürlichen Sprache zu simulieren (Dale 2016). In der engeren Definition handelt es sich bei einem Chatbot um eine dialogorientierte Technologie die dazu fähig ist, die Anfrage eines Nutzers zu interpretieren und auf Basis der natürlichen Sprache zu antworten (Dale 2016; Spierling 2018). Die Autoren Radziwill und Benton (2017) nehmen in ihrer Publikation eine genauere Differenzierung der Bezeichnung „Conversational Agents" vor.

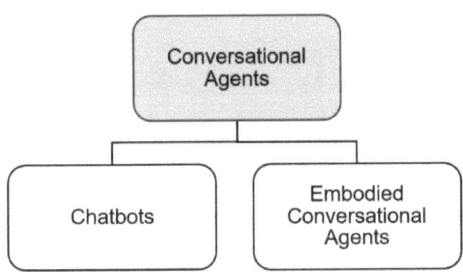

Abbildung 1: Begriffsabgrenzung "Conversational Agents" (in Anlehnung an: Radziwill und Benton 2017, S.28)

Wie in Abbildung 1 ersichtlich, stellen Chatbots eine Unterkategorie der „Conversational Agents" dar. „Embodied Conversational Agents" unterscheiden sich von Chatbots durch die Visualisierung eines virtuellen Körpers, mithilfe dessen die menschliche Mimik und Gestik nachgeahmt werden kann (Radziwill und Benton 2017).

Artificial Intelligence und Machine Learning. Laut Brandtzaeg und Følstad (2017) kann das derzeitige steigende Interesse an Chatbots auf die technologischen Fortschritte in den Bereichen der AI und des ML zurückgeführt werden (Følstad und Brandtzæg 2017). AI ist ein Teilgebiet der Informatik und beschreibt *„(...) the science of making computers do things that require intelligence when done by humans"* (Michiels 2017, S. 73). Ikumoro und Jawad (2019) sprechen in ihrer Publikation von sogenannten „AI-Chatbots", die dem Nutzer personalisierte Services in Form einer intelligenten Konversation ermöglichen (Ikumoro und Jawad 2019). Die weiteren Entwicklungen im Bereich der AI befassen sich mit der Lösung komplexer Probleme mithilfe von intelligenten Computeranwendungen. Eng verbunden mit dem Begriff der AI ist ML, welches im übertragenen Sinne künstliches Wissen aus Erfahrungen generieren kann (Gentsch 2019).

2.1.2 Arten von Chatbots

Entlang der Kundeninteraktion kommen Chatbots in unterschiedlichen Anwendungsgebieten zum Einsatz. Laut Elsholz et al. (2019) werden die meisten textbasierten Chatbots vor allem im Bereich des Kundenservice zur Automatisierung des Kundendialogs implementiert (Elsholz et al. 2019). Brandtzaeg und Følstad (2017) unterscheiden Chatbots nach ihrem zu erfüllenden Zweck innerhalb der Anwendungsgebiete „Kundenservice", „soziale und emotionale

Unterstützung", „Information" und „Unterhaltung" (Brandtzaeg und Følstad 2017). In den unterschiedlichen Anwendungsgebieten lassen sich verschiedene Arten von Chatbots differenzieren. Im Rahmen dieser Bachelorarbeit liegt der zentrale Fokus auf den Chatbot-Arten im Bereich des Kundendialogs. Die Untergliederung von Wagener (2019) nach ihrer Funktion in die Bereiche Content, Product Information und Recommendation, Ordering und Customer Service kann der Abbildung 2 entnommen werden (Wagener 2019).

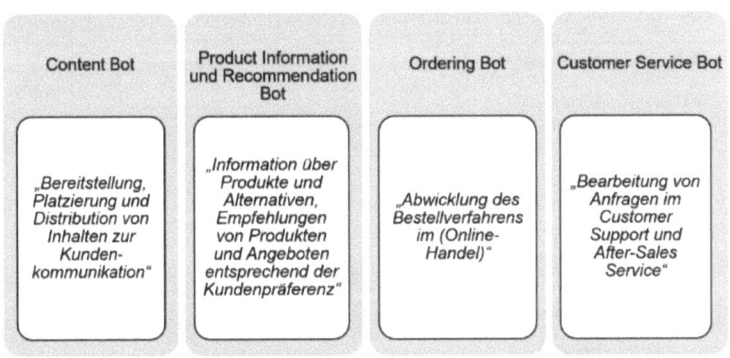

Abbildung 2: Arten von Chatbots (in Anlehnung an: Wagener 2019, S.146)

Die spezifischen Möglichkeiten dieser Chatbot-Arten für die Optimierung der CJ, werden im Kapitel 2.3.2 näher betrachtet und aufgezeigt.

2.1.3 Klassifizierung von Chatbots

Chatbots können nicht nur nach ihrer Art, sondern auch nach ihren Eigenschaften differenziert werden. Zur besseren Übersicht und Unterscheidung der möglichen Eigenschaften von Chatbots, erfolgt eine Klassifizierung in die folgenden Kategorien: Wissensdomäne, Intelligenz, Aufgabenspektrum und Dialogform. Innerhalb der wissenschaftlichen Literatur existieren dabei unterschiedliche Ansatzweisen für die Einordnung und Klassifizierung von Chatbots. Die Erkenntnisse unterschiedlicher Autoren werden nachfolgend in Abbildung 3 zusammengefasst:

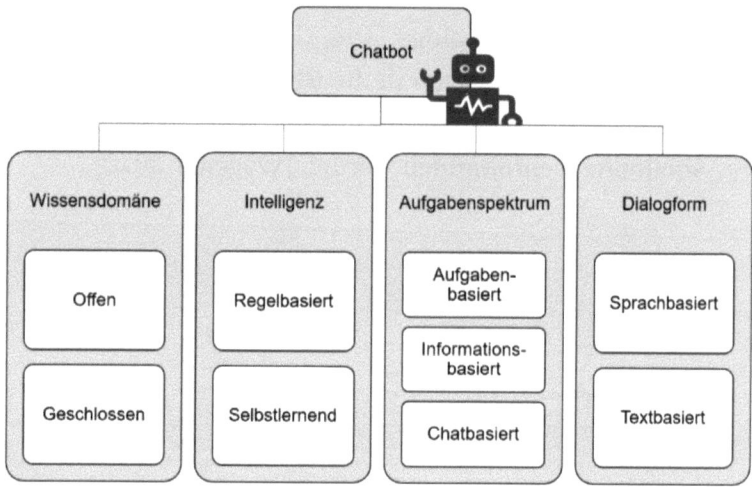

Abbildung 3: Klassifizierung von Chatbots (in Anlehnung an Nimavat und Champaneria 2017, S.1020)

Klassifizierung auf Basis der Wissensdomäne. Die erste mögliche Klassifizierung findet auf Basis der Wissensdomäne statt, über die ein Chatbot verfügt beziehungsweise zurückgreifen kann. Man unterscheidet zwischen einer *offenen* und einer *geschlossenen* Wissensdomäne. Eine offene Domäne besitzt eine große Bandbreite an hinterlegten Daten zu generellen Themen, welche Konversationen jeglicher Art ermöglichen. Bei einer geschlossenen Domäne sind die Frage- und Antwortmodule auf eine bestimmte Aufgabe ausgerichtet. Solche Chatbots konzentrieren sich deshalb ausschließlich auf die Beantwortung relevanter Fragen im Rahmen der Wissensdomäne (Nimavat und Champaneria 2017).

Klassifizierung auf Basis der Intelligenz. Nach Kamps und Schetter (2018) lassen sich Chatbots auf Basis ihrer Intelligenz in zwei Arten unterteilen. Sie arbeiten *regelbasiert* oder *selbstlernend*, wobei der wichtigste Unterscheidungsfaktor der Grad der eingesetzten AI ist. Bei regelbasierten Chatbots sind bestimmte Gesprächsdialoge bereits auf Basis vorgegebener Begriffe und Befehle vorprogrammiert. Die Interaktion mit dem Nutzer kann dadurch jedoch stark beeinträchtigt sein, da diese Art von Chatbot nur über die im Vorfeld eingegebenen Inhalte kommunizieren können. Chatbots, die dagegen auf Basis von AI arbeiten, können aus vergangenen Konversationen lernen und sich so neue Begriffe und Inhalte selbstständig aneignen (Kamps und Schetter 2018).

Klassifizierung auf Basis des Aufgabenspektrums. Chatbots können auch auf Basis ihres Aufgabenspektrums in die Kategorien *aufgabenbasiert, chatbasiert und informationsbasiert* klassifiziert werden. Ersteres übernimmt dabei nur eine bestimmte Aufgabe, wie bspw. das Buchen von Flugtickets oder die Bestellung eines Taxis. Die Aufgabe eines chatbasierten Chatbot ist es, eine Konversation mit einem menschlichen Gesprächspartner über einen Chatdialog nachzuahmen. Die dritte Form übernimmt die Bereitstellung gewünschter Informationen, entweder über eine FAQ-Seite oder auf Grundlage der Wissensdomäne (Nimavat und Champaneria 2017).

Klassifizierung auf Basis der Dialogform. Der Informationsaustausch zwischen Nutzer und Chatbot kann laut Ochsenkühn (2017) anhand der Dialogform in *sprach-* oder *textbasiert* klassifiziert werden. Die Kommunikation findet dabei über unterschiedliche Endgeräte statt (Ochsenkühn 2017). Während die früheren Modelle von Chatbots ausschließlich textbasiert waren, so ermöglicht der

Fortschritt in der Sprachtechnologie auch sprachbasierte Versionen, sogenannte Sprach-Assistenten. Führende Praxisanwendungen sind beispielsweise „Alexa" von Amazon oder „Siri" von Apple. Der Nutzer beginnt eine Konversation, indem er über das Endgerät einen Sprachbefehl eingibt. Die technische Verarbeitung beider Dialogformen erfolgt auf die gleiche Art und Weise. Der textbasierte Ansatz benötigt Techniken des Natural Language Processing, während der sprachbasierte Ansatz über Spracherkennung funktioniert (Atiyah et al. 2018). Aufgrund der Ähnlichkeit werden Chatbots oftmals mit Sprachassistenten gleichgesetzt. Der Fokus dieser Bachelorarbeit liegt ausschließlich auf den textbasierten Chatbots. Nachdem die Begrifflichkeiten von Chatbots abgegrenzt und definiert wurden, wird sich im Folgenden mit der Thematik der CJ auseinandergesetzt.

2.2 Die Customer Journey im digitalen Zeitalter

Der Begriff der Customer Journey entstammt aus dem Bereich des Marketings und beschreibt im Wesentlichen die Interaktion des Kunden mit dem Unternehmen über die einzelnen Touchpoints (TPs) (Zinkann und Mahadevan 2018). Laut Lemon und Verhoef (2016) rückt die Erzielung einer erfolgreichen CX für immer mehr Unternehmen in den zentralen Fokus (Lemon und Verhoef 2016).

2.2.1 Begriffliche Grundlagen und Abgrenzung

Touchpoint (TP). Die sogenannten TPs entstehen überall dort, wo die Kunden mit den Unternehmen in Kontakt treten, sei es über die Marke, Dienstleistung oder das Produkt. Essenziell hierbei ist, dass jeder dieser „Berührpunkte" einen Eindruck oder ein Erlebnis beim Kunden hinterlässt (Kruse Brandão und Wolfram 2018). Die Anzahl der TPs wächst sowohl online als auch offline rasant an, weshalb smarte Technologien immer mehr in den Fokus rücken, eine individuelle Ansprache der Kunden zu ermöglichen (Kruse Brandão und Wolfram 2018). Lemon und Verhoef (2016) identifizieren insgesamt vier unterschiedliche TPs, auf welche in Kapitel 2.2.3 näher eingegangen wird.

Customer Experience (CX). Schmitt et al (2015) verdeutlichen in ihrem Beitrag, dass jede Interaktion des Kunden mit dem Unternehmen als Bestandteil der CX angesehen wird (Schmitt et al. 2015). In dieser Bachelorarbeit wird die Definition von Lemon und Verhoef (2016) herangezogen (siehe Kapitel 2.2.3). Für die Erzielung einer erfolgreichen CX spielt die Generierung einer positiven User Experience (UX) eine zentrale Rolle. Laut Kruse Brandão und Wolfram (2018) beschreibt die UX die persönlichen Erfahrungen der Kunden mit den digitalen Kommunikationskanälen wie Webseiten, Applikationen oder Software (Kruse Brandão und Wolfram 2018).

Customer Journey (CJ). Innerhalb der wissenschaftlichen Literatur existieren zahlreiche unterschiedliche Definitionen, die sowohl in der Theorie als auch in der Praxis entstanden sind. Dieser Abschnitt greift einige Definitionsansätze unterschiedlicher Autoren mit dem Ziel auf, Gemeinsamkeiten aufzuzeigen und die unterschiedlichen Definitionsansätze zu vergleichen.

Taylor (2017) beschreibt die CJ als eine Ansammlung von Interaktionen zwischen dem Unternehmen und seinen Kunden: „A customer contact journey is defined as the sequence of interactions undertaken by the customer in a coherent sequence" (Taylor 2017, S. 279).

Keller et al. (2017) bezeichnen die CJ als „(...) den gesamten Prozess vor, während und nach einem Produktkauf oder einer Dienstleistungsnutzung. Die Kundenreise beginnt bei der Informationssuche und schließt alle absichtlich oder unabsichtlich angetroffenen Kontaktpunkte ein" (Keller und Ott 2017, S. 31).

Halvorsrud und Kvale (2017) definieren die Customer Journey als eine Reihe von Interaktionen zwischen dem Kunden und seinen Dienstleistungsanbieter zur Erzielung eines bestimmten Ziels, wobei unterschiedliche Touchpoints verwendet werden. *„A customer journey, which is defined as a customer's interactions with a service provider to achieve a specific goal, consists of a constellation of touchpoints"* (Halvorsrud und Kvale 2017, S. 183).

Zusammenfassend lässt sich feststellen, dass die Gemeinsamkeiten der unterschiedlichen Definitionsansätze auf der Interaktion der Kunden mit den Unternehmen entlang unterschiedlicher TPs basieren. Laut Böcker (2015) beschäftigt sich der Kunde im Zeitablauf seiner CJ mit den Produkten bzw. Dienstleistungen der Unternehmen, um seinen individuellen Informationsbedarf zu befriedigen (Böcker 2015).

Obwohl die CJ eng mit der CX in Verbindung steht, sind die beiden Begriffe separat voneinander zu betrachten (Rawson et al. 2013). In der wissenschaftlichen Literatur werden die beiden Begriffe des Öfteren miteinander gleichgesetzt. Die CX, welche sowohl positiv als auch negativ sein kann, ergibt sich aus den Erfahrungen an jedem einzelnen TP entlang der CJ (Lemon und Verhoef 2016). Demnach wird die CJ durch die Summe aller Erfahrungen beeinflusst und repräsentiert somit die gesamte CX (Lemon und Verhoef 2016).

2.2.2 Die Ursprünge der Customer Journey

Die CJ findet ihren Ursprung in dem AIDA-Modell von Elmo Lewis aus dem Jahr 1898, welches aus den vier Phasen „Attention", „Interest", „Desire" und „Action" besteht (Diller 2001). Aus diesem Modell geht bereits der Gedanke einer phasenweisen Entscheidung bis zum Kauf hervor. Allerdings wurde der Begriff der CJ in diesem Kontext als solcher nicht verwendet. Vor der Einführung der ersten CJ-Modelle, diente die AIDA-Formel als Grundlage für den von William W. Townsend im Jahr 1924 entwickelten „Purchase Funnel". Dieser zeigt den linearen Verlauf der vier AIDA-Phasen auf, den ein Kunde bis zur endgültigen Kaufentscheidung durchläuft (Strong 1925).

Für das weitere Verständnis der CJ spielt der Kaufentscheidungsprozess eine wichtige Rolle. Innerhalb der wissenschaftlichen Literatur haben sich unterschiedliche Modelle etabliert, die den Kaufprozesses über die Phasen der Bedarfserfassung, der Informationssuche, bis hin zum Kauf und der anschließenden Nachkaufphase modellieren. Der Kunde wird dabei in jeder Phase durch unterschiedliche Art und Weise in seiner Kaufentscheidung beeinflusst (Puccinelli et al. 2009). Für diese Bachelorarbeit wird die schematische Darstellung des Fünf-Phasen Modells nach Kotler et al. (2019) herangezogen.

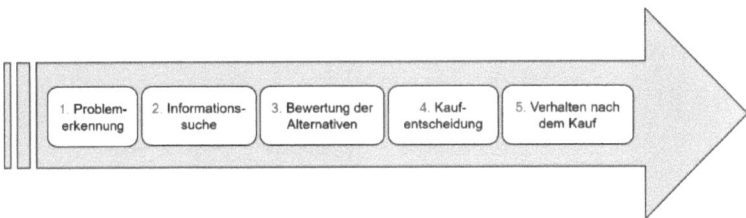

Abbildung 4: Kaufentscheidungsprozess (in Anlehnung an Kotler et al. 2019, S. 287)

Wie in Abbildung 4 ersichtlich, wird das Verhalten der Kunden in die Phasen „Problemerkennung", „Informationssuche", „Bewertung von Alternativen", „Kaufentscheidung" und das „Verhalten nach dem Kauf" differenziert (Kotler et al. 2019). Die Erkenntnisse über die Bedürfnisse der Kunden und das Verständnis über die einzelnen Phasen im Kaufprozess haben sich Lemon und Verhoef in ihrem Prozessmodell zu Nutze gemacht, auf welches im nachfolgenden Kapitel aufgebaut wird.

2.2.3 Prozessmodell nach Lemon und Verhoef (2016)

Die Autoren Lemon und Verhoef (2016) veranschaulichen in ihrem Prozessmodell (siehe Abbildung 5) den Entwicklungsprozess der CX über die einzelnen TPs. Nachfolgend werden die einzelnen Begriffe und Vorgänge innerhalb des verwendeten Modells aufgezeigt und beschrieben.

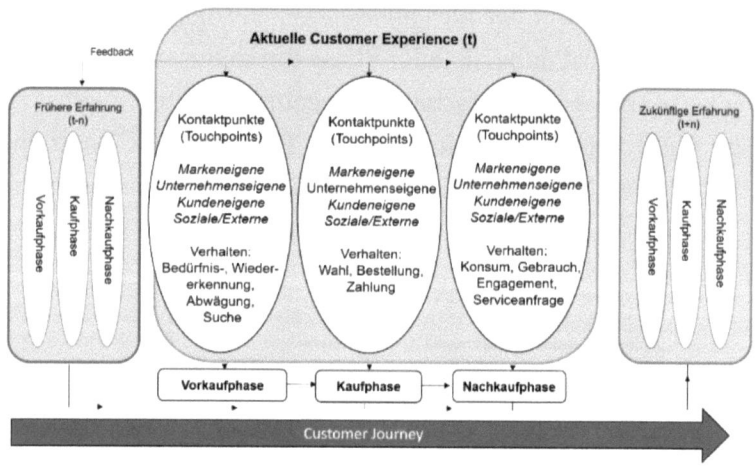

Abbildung 5: Prozessmodell (in Anlehnung an: Lemon und Verhoef 2016, S. 77)

Modellphasen. Der Entwicklungsprozess der CX erstreckt sich nach dem Prozess-Modell auf die drei Phasen Vorkauf-, Kauf- und Nachkaufphase. Die CX wird dabei als ganzheitliches Kundenerlebnis angesehen, das auf subjektiven Reaktionen basiert, welche durch die Interaktionen an den unterschiedlichen TPs ausgelöst werden (Lemon und Verhoef 2016). Die erste Phase umfasst alle Interaktionen der Kunden von der ersten Kontaktaufnahme mit der Marke, über die Produkt- oder Angebotskategorie und den dazugehörenden Aspekten des Marktumfelds. Kundenverhalten wie Bedürfniserkennung, Suche nach Alternativen und Abwägung bilden dabei essenzielle Bestandteile der Vorkaufphase (Lemon und Verhoef 2016). Die zweite Phase, die sogenannte Kaufphase, beinhaltet alle Aspekte der Kundeninteraktion während des eigentlichen Kaufereignisses. Die einzelnen Aspekte erstrecken sich von der Auswahl, über die Bestellung bis hin zur Bezahlung der Produkte (Lemon und Verhoef 2016). Die Interaktionen der Kunden mit der Marke und ihrem Umfeld nach dem Kauf werden in der dritten Phase zusammengefasst. Laut Lemon und Verhoef (2016) kann sich diese Phase je nach Kunde über einen individuellen Zeitraum erstrecken. Im Zentrum der Nachkaufphase stehen jedoch alle Aspekte der CX, die sich auf die Marke oder das Produkt beziehen. Das Produkt wird dabei als kritischer TP identifiziert, welches den größten Einfluss besitzt (Lemon und Verhoef 2016).

Touchpoints. Wie in Abbildung 5 ersichtlich, interagiert der Endkunde mit dem Unternehmen an den sogenannten TPs. Diese beinhalten *„alle Orte, Personen, Produkte oder Marketingmaßnahmen, an denen Kunden mit einer (Unternehmens-)Marke interagieren"* (Keller und Ott 2017, S. 31). In dem vorliegenden Modell werden insgesamt vier TPs identifiziert: Markeneigene, Unternehmenseigene,

Kundeneigene und Soziale/Externe. Jeder TP, egal ob intern oder extern, hat dabei unterschiedliche Auswirkungen auf die verschiedenen Phasen der CJ. Dieses Modell beschreibt die TPs aus der Unternehmenssicht, welche nochmals anhand des Grades der Kontrolle des Unternehmens über den TP unterschieden werden. Bei den sogenannten „Markeneigenen" TPs können die Unternehmen durch den Einsatz von „Markeneigenen" Medien (bspw. Werbung, Webseitengestaltung, Kundenbindungsprogrammen) Einfluss auf die Interaktionen mit den Kunden nehmen. Durch Anwendung verschiedener Marketing-Mix Elemente (beispielsweise. Produktattribute, Preis, Service, Verpackung, Vertrieb) liegt die CX in diesem Fall unter dem Einfluss des Unternehmens (Lemon und Verhoef 2016). Die zweite Art der TPs beinhaltet die Einflussnahme auf die CX durch die Bildung von Partnerschaften. Solche Partnerschaften können innerhalb verschiedener Szenarien wie bspw. in den Bereichen Kommunikation, Vertrieb, Agenturen etc. durch das Unternehmen kontrolliert werden (Lemon und Verhoef 2016). Innerhalb der drei Phasen der CJ existieren Aktionen, in denen der Kunde eigene Entscheidungen trifft. Zu den typischen Aktionen zählt beispielsweise die Bedenkzeit der Kunden innerhalb der Vorkaufsphase, bei welcher der Kunde über seine eigenen Wünsche und Bedürfnisse entscheidet. Das Unternehmen hat hier praktisch keine Kontrolle und nur einen minimalen Einfluss auf den Kunden (Lemon und Verhoef 2016). Die CX kann darüber hinaus von zahlreichen sozialen und externen Faktoren beeinflusst werden. Die Einflussnahme durch soziale Faktoren wie etwa die Meinungen anderer Kunden, Ratschläge durch Influencer/ Social Media oder auch Ergebnisse von Testberichten, besitzen einen großen Einfluss auf die Kunden. Externe Faktoren, wie das politische Klima, wirtschaftliche Entwicklungen oder auch Krisen können das

Kundenerlebnis nachhaltig beeinflussen. Die Aktivitäten der Konkurrenz können dabei ebenfalls eine erhebliche Rolle spielen (Lemon und Verhoef 2016).

Customer Experience. Lemon und Verhoef (2016) weisen darauf hin, dass frühere Erfahrungen und Interaktionen der Kunden mit der Marke oder dem Produktumfeld einen entscheidenden Einfluss auf die aktuelle und zukünftige CX besitzen. Dementsprechend wird die CX durch die in der vorherigen Phase entwickelten Erfahrungen beeinflusst (Lemon und Verhoef 2016). Innerhalb des Prozessmodells wird die CX *„as a customer's "journey" with a firm over time during the purchase cycle across multiple touch points"* definiert (Lemon und Verhoef 2016, S. 74).

2.3 Anwendung von Chatbots innerhalb der Customer Journey

In diesem Kapitel erfolgt die inhaltliche Zusammenführung der vorangegangenen Kapitel in den Kontext des „Conversational Commerce", welcher als Interface für AI-gestützte Services, den effektiven Einsatz von Chatbots entlang der CJ ermöglicht (Gentsch 2019). Abschließend erfolgt eine inhaltliche Übersicht der wichtigsten Erkenntnisse, bei der das Prozessmodell von Lemon und Verhoef durch eigene inhaltlich vorgenommene Ergänzungen optimiert wird.

2.3.1 Conversational Commerce

Der Begriff des „Conversational Commerce" wurde erstmalig im Jahr 2015 von Chris Messina, dem Entwickler der mobilen Applikation des Unternehmens UBER eingeführt und beschreibt die Interaktion der Unternehmen mit ihren Kunden über Messaging-Plattformen

(Messina 2015). Messina (2016) definiert den Begriff des CC wie folgt: *„(...) conversational commerce [...] largely pertains to utilizing chat, messaging, or other natural language interfaces [...] to interact with people, brands, or services and bots that heretofore have had no real place in the bidirectional, asynchronous messaging context"* (Messina 2016). Innerhalb der Interaktion mit den Kunden stellt Messina den Aspekt der „Convenience" in den zentralen Fokus: *„Conversational commerce is about delivering convenience, personalization, and decision support while people are on the go, with only partial attention to spare"* (Messina 2015).

Die intelligente Automatisierung und Interaktion mit den Kunden ermöglicht es den Unternehmen die Kommunikation mit den Kunden auf eine neue Ebene zu setzen. Laut Gentsch (2019) steht dabei die direkte Kundenansprache in Echtzeit im Fokus und beabsichtigt dabei, den Kunden aus der Unterhaltung heraus zum Kauf eines Produktes oder Dienstleistung zu motivieren. Das Kauferlebnis soll auf die persönlichen und individuellen Bedürfnisse der Kunden abgestimmt werden. Der Einsatz von Chatbots, sowohl über sprach- oder textbasierte Schnittstellen, zählt zu den wichtigsten Instrumenten im CC (Gentsch 2019).

2.3.2 Inhaltliche Zusammenführung

In diesem Abschnitt erfolgt die inhaltliche Zusammenführung der bisherigen Erkenntnisse zu den theoretischen Grundlagen der Themenfelder Chatbot und CJ. Das Prozessmodell von Lemon und Verhoef (2016), soll nun mit den Erkenntnissen über den Kaufentscheidungsprozess nach Kotler et al. (2019) erweitert und optimiert werden. Wie in Abbildung 6 ersichtlich, eignen sich für jede Phase innerhalb der CJ unterschiedliche Arten von Chatbots, die den Prozess bis zur endgültigen Kaufentscheidung beschleunigen und automatisieren können. Mit den Erkenntnissen von Wagener (2019) über die unterschiedlichen Arten von Chatbots, lassen sich verschiedene Möglichkeiten entlang der CJ generieren.

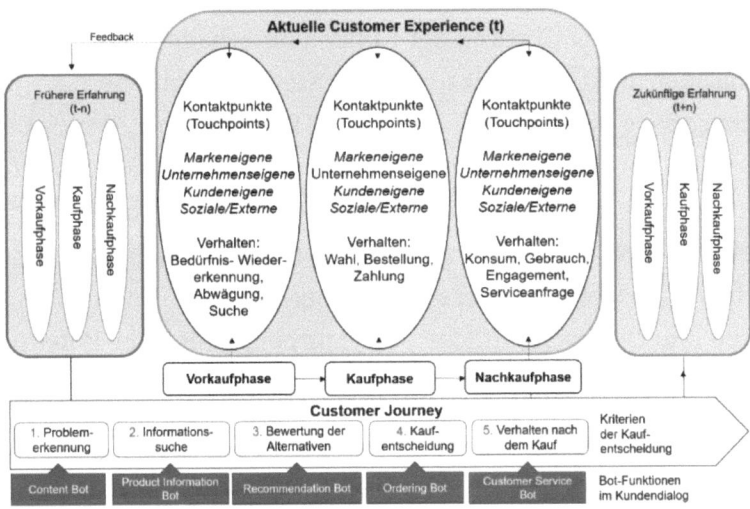

Abbildung 6: Prozessmodell mit Integration von Chatbots (in Anlehnung an: Lemon und Verhoef 2016, S. 77)

Eine mögliche Implementierung von „Content Bots" könnte innerhalb der Vorkaufphase stattfinden, um die Kunden bei der Erkennung ihrer Bedürfnisse zu unterstützen. In Abhängigkeit von der jeweilig anstehenden Kaufentscheidung, können „Product Information Bots" durch die Bereitstellung individualisierter Informationen und Inhalte die Informationssuche effizienter gestalten. Für unentschiedene Kunden bieten sich „Recommendation Bots" an, die auf Basis persönlicher Präferenzen und bereits getätigter Käufe, individuelle Produkt- oder Serviceempfehlungen aussprechen können. Die

Kunden erhalten dadurch eine effektive Unterstützung bei der Be-
wertung und Evaluierung ihrer Produkt- oder Service-Alternativen.
Zur effektiven Abwicklung der Kaufentscheidung können „Ordering
Bots" eingesetzt werden, welche den Kunden bei der Abwicklung des
Bestellvorgangs unterstützen (Wagener 2019). Die Potentiale und
Möglichkeiten von Chatbots erstrecken sich nicht nur auf die Bera-
tung und Unterstützung der Kunden innerhalb des Bestellvorgangs.
Darüber hinaus liegt das wohl größte Potential innerhalb des Kun-
denservice oder After-Sale Service (Elsholz et al. 2019). „Customer
Service Bots" können dem Kundenservice bei der Beantwortung von
Rückfragen oder der Abwicklung von Reklamationen behilflich sein
und so den Kunden, als auch den Servicemitarbeiten einen erhebli-
chen Mehrwert generieren (Wagener 2019). Mithilfe einer SLA soll
nun die wissenschaftliche Literatur auf mögliche Potentiale von
Chatbots entlang der CJ untersucht werden.

3 Forschungsmethode

Dieses Kapitel gibt einen Überblick über die in der Bachelorarbeit angewendete Forschungsmethode, welche sich an einer SLA mit einer
qualitativ konzeptionellen Vorgehensweise orientiert. Die genannte
Forschungsmethode wurde dabei mit dem Ziel der Erschließung und
Identifikation relevanter Forschungsbeiträge durchgeführt. Um einen umfassenden Überblick zu gewährleisten, ist die SLA in Anlehnung an das „Framework for literature reviewing" von Brooke et al.
aus dem Jahr 2009 erfolgt (Brocke et al. 2009).

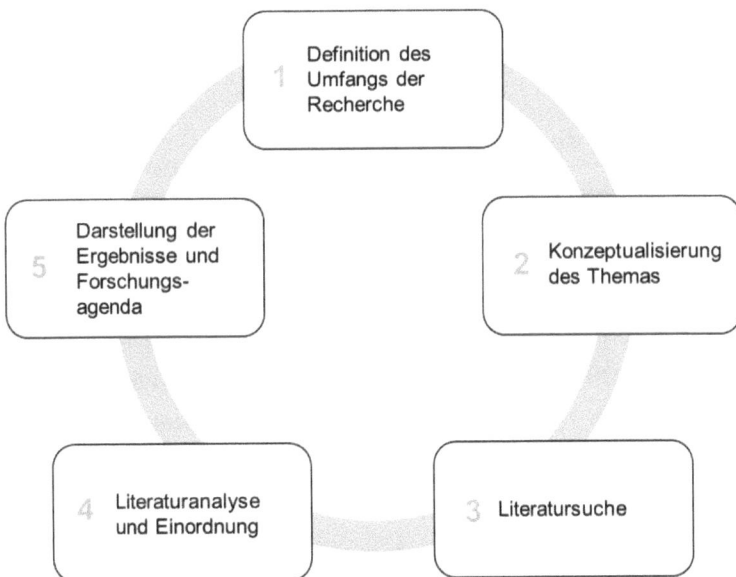

Abbildung 7: Framework for literature reviewing (in Anlehnung an: Brocke et al. 2009, S.2212)

Der erste Schritt des fünf-Phasen Modells nach Brocke et al. (2009) beinhaltet die Definition des Umfangs der Recherche. Zur transparenten Darstellung schließt sich im zweiten Schritt die Konzeptualisierung des Themas an. Dabei wird das methodische Vorgehen aufgezeigt und die angewendete Suchstrategie inklusive der verwendeten Suchbegriffe näher erläutert und beschrieben. Der dritte Schritt beinhaltet die eigentliche Literatursuche/ Literaturrecherche inklusive der Selektion relevanter Studien und Konferenzen. Auf die Literaturanalyse, als Bestandteil des vierten Schrittes, folgt eine Literaturauswertung und Analyse. Die ausgewählten Quellen werden in einem abschließenden fünften Schritt interpretiert und im Kontext der Forschungsfragen dargestellt (Brocke et al. 2009).

3.1 Umfang der Recherche

Für die Veranschaulichung des Untersuchungsumfangs hat das „Taxonomy of literature Review" von Cooper (1988) als Vorlage gedient, welches den Umfang der Forschung in Bezug auf Fokus, Ziel, Organisation, Perspektive, Publikum und Abdeckung transparent darlegt (Cooper 1988). In Anlehnung an Cooper (1988) ist die Recherche in Bezug auf die sechs Merkmale kategorisiert, welche in Abbildung 8 dargestellt sind:

Merkmale	Kategorien			
(1) Fokus	Ergebnisse	Methoden	Theorie	Anwendung
(2) Ziel	Integration	Kritik		Identifikation zentraler Themen/ Fragestellungen/ Herausforderungen
(3) Organisation	Historisch	Konzeptionell		Methodisch
(4) Perspektive	Neutrale Position		Einnahme einer Position	
(5) Publikum	Spezialisierte Wissenschaftler	Wissenschaftler	Praktiker	Allgemeine Öffentlichkeit
(6) Abdeckung	Vollständig	Vollständig und selektiv	Repräsentativ	Grundlegend (zentral)

Abbildung 8: Taxonomy of Literature Review (in Anlehnung an: Cooper 1988, S.109)

(1) **Fokus.** Das Merkmal Fokus beschreibt die Art der Quellen, auf denen das Hauptaugenmerk dieser Recherche gerichtet ist. Bei der SLA liegt der Schwerpunkt auf der Darstellung der möglichen Potentiale, die durch den Einsatz von Chatbots innerhalb der Vor-, Kauf-, und Nachkaufphase im Kontext der CJ erzielt werden können. Wie in Abbildung 8 ersichtlich, liegt der Fokus in die Kategorien „Forschungsergebnisse" und „praktische Anwendung" eingeordnet.

(2) **Ziel.** Das übergeordnete Ziel dieser Bachelorarbeit besteht darin, eine gezielte Auswahl relevanter Studien zur Beantwortung der zugrundeliegenden Forschungsfragen im Rahmen einer SLA zu identifizieren.

(3) **Organisation.** Die Organisation basiert auf einer konzeptionellen Grundlage, bei der die Ergebnisse durch Aufzählung der einzelnen Anwendungsbereiche gemeinsam betrachtet und analysiert werden.

(4) **Perspektive.** Die Literaturrecherche wird aus der neutralen Position betrachtet. Dies beinhaltet eine Zusammenfassung der existierenden Literatur ohne persönliche Interpretation und Stellungnahme.

(5) **Publikum.** Die SLA richtet sich, aufgrund der eher domain-spezifischen Ausrichtung hauptsächlich an spezialisierte Wissenschaftler. Da sich die Thematik dieser Bachelorarbeit weniger auf die technischen Aspekte von Chatbots, sondern vielmehr auf die wirtschaftlichen Potentiale richtet, sind die Forschungsergebnisse dennoch auch für Praktiker und die allgemeine Öffentlichkeit relevant und nachvollziehbar.

(6) **Abdeckung.** Das Merkmal Abdeckung bezieht sich auf den Grad der Abdeckung der existierenden Literatur. Dabei liegt der Fokus auf der repräsentativen Zusammenfassung, bei der im Vergleich zur vollkommenen Abdeckung, nicht die gesamte Literatur, sondern nur ein Teilgebiet untersucht und vorgestellt wird.

3.2 Konzeptualisierung des Themas

Im zweiten Schritt, der Konzeptualisierung des Themas, ist der inhaltliche Rahmen für das Forschungsthema definiert worden. Zu Beginn der Literaturrecherche hat der Fokus auf der Identifikation relevanter Suchbegriffe zum Thema Chatbots im Zusammenhang mit AI und Beiträgen aus dem Bereich der CJ gelegen. Die Begriffe „Artificial Intelligence", „Customer Journey", „Customer Experience" und „Chatbot" haben dabei als zentrale Schlüsselwörter dieser Bachelorarbeit gedient. Die Liste an relevanten Suchbegriffen wurde um geeignete Synonyme erweitert, anschließend auf Google Scholar nach akzeptabler Trefferanazahl und inhaltlicher Relevanz überprüft und gemäß den favorisierten Begriffen zu dem nachfolgenden Suchstring verknüpft:

("customer experience*" OR "customer journey*" OR "customer touchpoint*" OR virtual* OR marketing) AND (artificial* OR conversational* OR chatbot*)

Dieser Suchstring wurde innerhalb der einzelnen Datenbanken (siehe Abbildung 9) verwendet und ggf. an die Eingabemasken der Datenbanken angepasst. Mit den booleschen Operatoren „AND" und „OR" wurden die einzelnen Suchbegriffe und Synonyme miteinander verbunden. Die verwendeten Trunkierungszeichen (*) dienten dazu, Begriffe des gleichen Wortstammes automatisch mit in die Suche zu integrieren (Becker et al. 2017). Um die Sicherstellung von qualitativ hochwertigen wissenschaftlichen Quellen zu gewährleisten, wurde die Recherche in den Datenbanken auf die Zeitschriften der AIS Top-list und die der VHB Journal Rankings beschränkt. Besonderes Augenmerk hat den wissenschaftlichen Artikeln und Konferenzen, die ein Peer-Review-Verfahren verwendet haben, gegolten. Zur Ausweitung der erzielten Trefferanzahl wurde das Auswahlverfahren der Recherche auch auf inhaltlich und wissenschaftlich relevante Zeitschriften und Konferenzen unabhängig der jeweiligen Ranking-Platzierung gelockert.

3.3 Literaturrecherche

Zur Identifizierung relevanter Forschungsbeiträge und Konferenzen wurde eine umfangreiche Literaturrecherche durchgeführt. Dabei wurde im Rahmen einer Datenbankanalyse auf mehrere Datenbanken zurückgegriffen, um eine umfangreiche Abdeckung des Themengebiets zu gewährleisten.

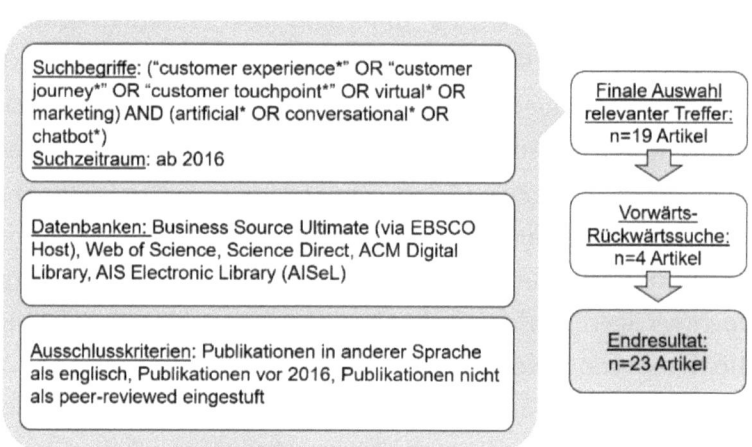

Abbildung 9: Auswahlverfahren Literaturrecherche

Abbildung 9 veranschaulicht das angewendete Filterungsverfahren für die Auswahl an geeigneten wissenschaftlichen Quellen im Rahmen der Literaturrecherche. Angewendet wurden die Suchbegriffe in den folgenden Datenbanken: EBSCO (Business Source Complete), Web of Science, Science Direct, ACM Digital Library und AIS Electronic Library (AISeL). Da es sich bei dieser Bachelorarbeit um ein interdisziplinäres Forschungsfeld handelt, decken die ausgewählten Datenbanken sowohl den Bereich der Wirtschaftswissenschaften als auch den der Informatik ab. Der Zeitraum der Recherche wurde auf Publikationen ab 2016 beschränkt, da die Literatursuche in diesem

Zeitraum eine kontinuierliche Zunahme an veröffentlichten Publikationen ergab (siehe Anhang 1). Als mögliche Ursache für diesen Anstieg können technische Fortschritte im Bereich des ML, als auch die mediale Aufmerksamkeit durch die zunehmende Plattformintegrationen von Chatbots genannt werden (Grudin und Jacques 2019). Da die vorliegende Bachelorarbeit keine Vollerhebung, folglich keine vollkommene systematische Literaturanalyse darstellt, sondern eine Teilerhebung und somit eine Anlehnung an eine systematische Literaturanalyse bevorzugt, wurde das Filterungsverfahren der jeweiligen Datenbanken gelockert, um die Herangehensweise und die Verminderung der Anfangstrefferanzahl detailgenauer präzisieren und dokumentieren zu können. Die wissenschaftlichen Quellen wurden mit dem Ziel analysiert, die „(...) Trefferzahl systematisch auf ausschließlich thematisch relevante Treffer zu reduzieren" (Becker et al. 2017, S. 26). Die für die Recherche ausgewählten Ausschlusskriterien, worunter die Filterung der Sprache, der Suchzeitraum und die Einstufung der Artikel als „peer-reviewed" zählt, halfen dabei die Anzahl der Treffer innerhalb der verwendeten Datenbanken zu minimieren.

Für die finale Auswahl der wissenschaftlichen Publikationen, wurden die verbliebenen Treffer auf ihre inhaltliche Eignung in einem zweiten Filterungsverfahren (siehe Anhang 2) überprüft. Hierzu wurden zunächst die Titel und Suchbegriffe und im letzten Schritt der Abstract gelesen. Die vorgenommene Eingrenzung verhinderte die Suche nach irrelevanten Artikeln und beschleunigte durch das vorgenommene Filterungsverfahren den Prozess der Recherche. Durch ein zweites Filterungsverfahren konnten insgesamt 19 geeignete Quellen zur Beantwortung der Forschungsfragen identifiziert werden.

Eine Vorwärts- (Autor-basiert) und Rückwärtssuche (Quellen-basiert) hat die Trefferanzahl um zusätzliche vier Artikel erweitert. Das ausführliche Filterungsverfahren kann dem Anhang (siehe Anhang 2) entnommen werden.

4 Ergebnisse

In diesem Kapitel werden die Ergebnisse zur Beantwortung der Forschungsfragen aufgezeigt. Die Literaturanalyse ergab eine finale Selektion von insgesamt 23 wissenschaftlichen Veröffentlichungen. Zur Visualisierung aller relevanter Quellen wurde eine Literaturliste erstellt (siehe Anhang 3), in der die Artikel chronologisch ab dem Jahr 2016 aufgelistet sind. Das von Webster und Watson (2002) abgewandelte Verfahren einer Konzeptmatrix, wie in Abbildung 10 dargestellt, erleichtert die Sortierung der identifizierten Artikel nach ihrem, für die Beantwortung der Forschungsfragen relevanten Inhalt (Webster und Watson 2002). Die Artikel wurden inhaltlich auf ihr Themengebiet überprüft und im Anschluss einer oder mehreren Kaufphasen des Prozessmodells von Lemon und Verheof bzw. Kaufmotiven der Kunden zugeordnet (siehe Abbildung 10).

ID	Artikel	Kaufphasen			Motive
		Vorkaufphase	Kaufphase	Nachkaufphase	Motive
1	Corti& Gillespie (2016)	X			
2	Dale (2016)			X	
3	Xu et al. (2017)			X	
4	Lam& Hannah (2017)			X	
5	Brandtzaeg& Følstad (2017)			X	
6	Cui et al. (2017)		X	X	
7	Klopfenstein et al. (2017)		X		
8	Thies et al. (2017)				X
9	Chung et al. (2018)	X			
10	Zarouali et al. (2018)			X	X
11	Araujo (2018)	X			
12	Følstad et al. (2018)			X	
13	Zumstein& Hundertmark (2018)	X		X	X
14	Hu et al. (2018)			X	
15	Vassinen (2018)		X		
16	Atiyah et al. (2018)			X	
17	Gnewuch et al. (2018)	X			
18	Følstad& Skjuve (2019)			X	
19	Grudin& Jacques (2019)	X			
20	Ikumoro & Jawad (2019)	X			
21	Van den Broeck et al. (2019)	X			
22	Jain et al. (2019)	X			
23	Fiore et al. (2019)	X	X		
24	Ciechanowski et al. (2019)	X			

Abbildung 10: Konzeptmatrix (in Anlehnung an: Webster und Watson 2002, S.17)

Nachfolgend werden vor dem Hintergrund der anfangs formulierten Forschungsfragen die zentralen Resultate aus der Literaturanalyse zusammenfassend vorgestellt.

4.1 Motive für den Einsatz von Chatbots

Der Einsatz von Chatbots entlang der CJ zur Automatisierung der Kommunikationskanäle birgt nicht nur für die Unternehmen selbst, sondern auch für deren Kunden viele Vorteile. Dabei sind die Motive für den Einsatz von Chatbots aus jeder Perspektive verschieden und je nach Blickwinkel unterschiedlich gewichtet.

4.1.1 Unternehmensperspektive

Immer mehr Unternehmen nutzen Chatbots, um ihren Kunden einen zusätzlichen Service zu bieten. Aus der Unternehmenssicht sind die Gründe für den Einsatz von Chatbots unterschiedlich und variieren je nach Anwendungsfall. Die Autoren Zumstein und Hundertmark (2017) identifizieren in ihrer Studie mit dem Titel *„Chatbots- An interactive technology for personalized communication, transactions and services"* mehrere Aspekte, die aus Sicht der Unternehmen für die Implementierung von Chatbots sprechen:

Gewinnung von Kundeninformationen. Unternehmen besitzen die Möglichkeit durch die Nutzung von Chatbots wichtige Kundeninformationen über die individuellen Kundenpräferenzen auf Basis vergangener Einkäufe, Kundenanfragen und sonstigen Aktivitäten zu erhalten. Der Einsatz von Chatbots unterstützt Unternehmen bei der effektiven Betreibung von Marktforschung, um den Kunden auch in Zukunft personalisierte Angebote zur Verfügung stellen zu können (Zumstein und Hundertmark 2017).

Effektive Kundenansprache. Der Einsatz von Chatbots findet überwiegend über Social-Media-Plattformen statt. Unternehmen können gezielt und zu jeder Zeit ihre Kunden über die Plattformen wie Facebook Messenger, Slack, What's App oder WeChat erreichen. Über die Messenger Plattformen können die Unternehmen direkten Zugriff auf die Profile, Interessen und Reaktionen der Kunden erhalten und es besteht darüber hinaus die Möglichkeit, weitere Kundendaten über die Dialoge zu erweitern. Unternehmen können ihre Produkte oder Dienstleistungen dort anbieten, wo sich ihre Kunden aufhalten. Ein weiterer Vorteil besteht darin, dem Kunden durch die neue Art der Interaktion das Gefühl einer „Eins-zu-Eins-Kommunikation" zu vermitteln (Zumstein und Hundertmark 2017).

Verbesserte Kommunikation. Laut Zumstein und Hundertmark (2017) können Chatbots auch innerhalb der Kundenkommunikation wertvolle Hilfestellungen leisten. Chatbots können überall dort eingesetzt werden, wo ein Austausch zwischen Unternehmen, deren Kunden oder externen Stakeholdern stattfindet. Durch die Automatisierung unterschiedlicher Geschäftsprozesse kann die zukünftige Organisation, Kommunikation und Zusammenarbeit innerhalb des Unternehmens positiv beeinflusst und optimiert werden (Zumstein und Hundertmark 2017).

Einsparungspotentiale. Chatbots leisten darüber hinaus einen Beitrag zur Realisierung umfangreicher *Einsparungspotentiale.* Aufgrund der zeitlichen Erreichbarkeit und der Automatisierung von einfachen und wiederkehrenden Anfragen, bietet der Einsatz von Chatbots viele Vorteile im Vergleich zu den traditionalen Kommunikationskanälen.

Desweiteren gewährleistet die Einbettung von Chatbots innerhalb des Kundenservice eine Reduzierung der Service- und Personalkosten und ermöglicht insgesamt eine permanente hohe Servicequalität (Zumstein und Hundertmark 2017).

4.1.2 Kundenperspektive

Mehrere Autoren beschäftigen sich in ihren Publikationen unter anderem mit den Gründen und den dahinterliegenden Motiven für die Chatbot-Nutzung (Brandtzaeg und Følstad 2017; Klopfenstein et al. 2017; Zarouali et al. 2018). Die Motive, warum sich die Kunden für eine Interaktion mit einem Chatbot entscheiden, können unter anderem folgende sein:

Eine Studie aus dem Jahr 2017, vorgestellt auf einer internationalen Konferenz über Internet Science mit dem Titel *„Why people use Chatbots"*, beschäftigt sich mit den Motiven für den Einsatz von Chatbots. Die Autoren Brandtzaeg und Følstad identifizieren in ihrer Publikation insgesamt fünf Motivatoren für die Verwendung von Chatbots. Aus Sicht der Kunden klassifizieren sie diese in die Kategorien Produktivität, Ständige Verfügbarkeit, Unterhaltung, Soziale Faktoren und Reiz der Neuartigkeit (Brandtzaeg und Følstad 2017).

Produktivität. Der Faktor Produktivität ist dabei mit einer Mehrheit von 68% aller Studienteilnehmer das Hauptmotiv für die Nutzung von Chatbots. Die Studienteilnehmer bevorzugen dabei vor allem die effektive Bereitstellung der Informationen, das schnelle und zuverlässige Feedback oder aber auch die effiziente Unterstützung bei Anliegen aller Art. Chatbots als ein vielversprechendes Tool in der Kundenkommunikation schaffen damit einen maßgeblichen Mehrwert für ein perfektes Kundenerlebnis, indem sie dem Kunden einen schnellen und effektiven Zugang zu den benötigten Informationen ermöglichen (Brandtzaeg und Følstad 2017).

Ständige Verfügbarkeit. Darauf aufbauend ergänzen Klopfenstein et al. (2017) in ihrer Studie die einfache und flexible Bedienbarkeit aufgrund der Verfügbarkeit der Chatbots innerhalb mobiler Messaging-Plattformen. Immer mehr Unternehmen erkennen das Potential mobiler Messaging-Plattformen und den damit verbundenen einfachen und effektiven Zugang über das gewohnte und bereits vorhandene Kommunikationsumfeld der Kunden. Gleichzeitig sinkt die Tendenz der Kunden neue Applikationen zu installieren, was die Nutzung von Chatbots über die Messenger zu einer attraktiven Alternative macht. Chatbots müssen nicht heruntergeladen werden, verbrauchen keinen Speicherplatz und stehen dem Kunden innerhalb der Plattform jederzeit zur Verfügung (Klopfenstein et al. 2017).

Unterhaltung. Laut Brandtzaeg und Følstad (2017) hat das Motiv der Unterhaltung eine nicht zu unterschätzende Bedeutung für die Kunden. Aspekte wie Spaß und Unterhaltung werden als wichtige Bestandteile in der Beziehung zwischen Menschen und Chatbots angesehen. Die Interaktion mit einem Chatbot kann ebenfalls dazu dienen, sich die Zeit zu vertreiben und Langeweile zu vermeiden. Darüber hinaus trägt ein Chatbot dazu bei, die Bedürfnisse der Menschen nach Unterhaltung und sozialer Interaktion zu befriedigen (Brandtzaeg und Følstad 2017). Die Integration mithilfe von witzigen Bemerkungen und Smileys kann die Konversation mit dem Kunden positiv bereichern und zum Vergnügen der Kunden beitragen (Zarouali et al. 2018).

Die Autoren Thies et al. (2017) fanden in ihrer Studie heraus, dass vor allem aufmerksame und humorvolle Chatbots bevorzugt werden, die durch nützliche Empfehlungen einen gewissen Mehrwert bieten. Gleichzeitig sollte ein Chatbot stets einfühlsam und nicht wertend agieren (Thies et al. 2017).

Soziale Faktoren. Brandtzaeg und Følstad (2017) weisen in ihrer Studie ebenfalls darauf hin, dass soziale Faktoren die Interaktion mit einem Chatbot nachweislich prägen können. Die Kommunikation mit einem Chatbot hilft vielen Menschen dabei, das Gefühl von Einsamkeit zu verringern und das Bedürfnis nach sozialer Interaktion zu befriedigen. Chatbots können dem Nutzer eine emotionale Nähe vermitteln und das Gefühl einer sozialen Beziehung aufbauen, ähnlich wie bei der Interaktion mit einem menschlichen Gesprächspartner. Die Interaktion mit einem Chatbot ermöglicht es die sozialen Kompetenzen und Fähigkeiten der Menschen zu verbessern und die zwischenmenschliche Kommunikation in der realen Welt zu stärken (Brandtzaeg und Følstad 2017).

Reiz der Neuartigkeit. Die Interaktion mit einem Chatbot stellt für viele Menschen eine neue Erfahrung dar und weckt das allgemeine Interesse. Das Bedürfnis, die Möglichkeiten und Fähigkeiten der unterschiedlichen Chatbots persönlich zu testen, ist für viele Anwender ein weiteres Motiv (Brandtzaeg und Følstad 2017).

4.2 Potentiale von Chatbots

Innerhalb der unterschiedlichen Kaufphasen besitzen Chatbots das Potential die CJ optimal zu unterstützen und dem Kunden entlang der TPs eine positive CX zu ermöglichen. Durch den Einsatz von Chatbots profitieren sowohl die Unternehmen als auch die Kunden. Innerhalb der wissenschaftlichen Literatur werden die Potentiale von Chatbots überwiegend aus der Perspektive der Unternehmen beschrieben, weshalb in der nachfolgenden Darstellung der Ergebnisse die gleiche Sichtweise eingenommen wird. Diese Erkenntnisse lassen sich im übertragenen Sinne auch auf die Perspektive der Kunden anwenden.

4.2.1 Vorkaufphase

Innerhalb der Vorkaufphase, welche wiederum in die Phasen der Problemerkennung, Informationssuche und der Alternativen-Bewertung differenziert wird, (siehe Abbildung 6) lassen sich durch den Einsatz von Chatbots folgende Potentiale für das Marketing entfalten:

Personalisierung und individuelle Ansprache. Die Personalisierung im Marketing ist ein Trend, der für viele Unternehmen immer mehr an Bedeutung gewinnt (Ikumoro und Jawad 2019). Ikumoro und Jawad (2019) beschäftigen sich in ihrer Studie über die aktuellen Trends in der AI-Technologie und der Integration von AI-Chatbots innerhalb der Marketingstrategie. In einer digitalisierten Welt erwarten die Kunden personalisierte Erlebnisse, die genau auf die individuellen Bedürfnisse der Kunden angepasst sind. Innerhalb des Einkaufserlebnis stellen die Kunden hohe Erwartungen an die Unternehmen und betrachten eine zeit- und ortsunabhängige Möglichkeit der Interaktion mit der Unternehmensmarke als eine Selbstverständlichkeit (Ikumoro und Jawad 2019). Der personalisierte Dialog mit den Kunden via Chatbots kristallisiert sich dabei als zentraler Erfolgsfaktor einer effizienten Echtzeitkommunikation: *„(...) personalized marketing is the implementation of a strategy by which companies or brands deliver individualized content to recipients through data collection, analysis, and the use of automation technology"* (Ikumoro und

Jawad 2019, S. 4781). Automatisierte Technologien in Form von Chatbots ermöglichen es den Unternehmen, nützliche Kundeninformationen über das Kaufverhalten der Kunden zu sammeln, diese besser zu verstehen und dabei zu helfen, die persönliche Verbindung zum Kunden aufzubauen (Ikumoro und Jawad 2019).

Eine ähnliche Studie aus dem Jahr 2019, durchgeführt von den Autoren Van den Broeck et al. (2019), beschäftigt sich mit dem Einsatz von Chatbots im Bereich Marketing und personalisierter Kundenansprache. Im Vordergrund steht dabei vor allem die personalisierte und interaktive Kommunikation auf Grundlage vorprogrammierter Werbeanzeigen (Van den Broeck et al. 2019). Die Einbindung von Chatbots innerhalb privater Messaging-Plattformen erlaubt es den Unternehmen individualisierte Werbeanzeigen zu schalten. Mit wenig Aufwand können Chatbots den richtigen Zeitpunkt für die effektive Kundenansprache bestimmen, an denen die Kunden potenziell am ehesten auf die Werbeanzeige klicken. Für die Unternehmen ist es von essenzieller Bedeutung zu wissen, wann und wie sie mit den Kunden an den unterschiedlichen digitalen TPs in Kontakt treten sollen, da die Kaufentscheidung der Kunden maßgeblich von der Qualität der CX abhängt. In der Studie untersuchen die Autoren Van den Broeck et al. (2019) die Effektivität von Chatbots innerhalb der Marketing-Kommunikation. Besondere Aufmerksamkeit erhalten dabei die Determinanten „helpfulness" und „usefulness" im Zusammenhang mit der wahrgenommenen „intrusiveness". Aus der Studie geht hervor, dass die beiden Determinanten „helpfulness" und „usefulness" positiv mit der wahrgenommenen „intrusiveness" zukünftiger Werbewirkungen korreliert. Die Autoren fanden in ihrer Studie heraus, dass die Art und Weise, wie hilfreich der Chatbot wahrgenommen wird, Auswirkungen darauf hat, wie zukünftige Werbeschaltungen vom Kunden aufgenommen werden *„The higher the perceived helpfulness and usefulness of a commercial chatbot, after a conversation with the chatbot, the lower the intrusiveness of potential subsequent retargeted advertising via the chatbot is perceived"* (Van den Broeck et al. 2019, S. 155). Vorprogrammierte Chat-Dialogstrukturen ermöglichen es den Unternehmen mit den Kunden auf eine personalisierte und interaktive Weise zu kommunizieren. Darüber hinaus können persönliche Nutzungs- und Kundendaten auf Basis der Kaufhistorie gesammelt und gespeichert werden (Van den Broeck et al. 2019). Auf Grundlage der gespeicherten Daten können die Unternehmen ihren Kunden maßgeschneiderte Inhalte und Angebote direkt und persönlich zukommen lassen (Zumstein und Hundertmark 2017). Durch den Einsatz von Chatbots entstehen für die Unternehmen ganz neue Wege mit den Kunden zu interagieren, mit dem Ziel, ein positives Kundenerlebnis zu kreieren, das genau auf den Kunden abgestimmt ist. Die digitale Kundenansprache ermöglicht es den Unternehmen individuell und in Echtzeit mit den Kunden zu kommunizieren, was nachweislich einen wichtigen Beitrag zur Kundenzufriedenheit leistet (Chung et al. 2018). Im Online-Marketing findet der Einsatz von sogenannten „e-service Agenten" besondere Aufmerksamkeit. Die Autoren Chung et al. (2018) untersuchen die Auswirkungen von e-service Agenten auf die Kommunikationsqualität und Zufriedenheit der Kunden im Bereich von Fashion und Luxusmarken. Die Autoren kommen zu dem Ergebnis, dass die Kundenzufriedenheit im Einsatz von Chatbots vor allem von den Aspekten „accuracy" und „credibility" positiv beeinflusst wird (Chung et al. 2018).

Einflussfaktoren der individuellen Persönlichkeit eines Chatbot. Aktuelle Studien beschäftigen sich mit den Einflussfaktoren auf die Wahrnehmung von Chatbots unter Berücksichtigung der eingesetzten Persönlichkeit (Araujo 2018; Grudin und Jacques 2019; Van den Broeck et al. 2019). Je nach Komplexität können Chatbots unterschiedliche Persönlichkeiten einnehmen. Die eingesetzte Persönlichkeit spielt dabei eine wichtige Rolle in der Wahrnehmung und Akzeptanz der Kunden und kann je nach Einsatzgebiet die Konversation mit einem Chatbots begünstigen (Jain et al. 2018). Jain et al. (2018) weisen darauf hin, dass die Kundenerwartungen an einen Chatbot je nach Einsatzgebiet variieren können. Chatbot-Persönlichkeiten, die von den Kunden als lässig und humorvoll wahrgenommen werden, sind vor allem im Bereich des E-Commerce sehr beliebt. Professionalität erwarten die Kunden beispielsweise bei der Verbreitung von News. Um einen Vertrauensverlust vorzubeugen, sollte ein Chatbots stets transparent agieren und seine Fähigkeiten und Funktionen zu Beginn der Unterhaltung vorstellen (Fiore et al. 2019a; Jain et al. 2018). Mit Hilfe der richtigen Persönlichkeit können Chatbots bei den Kunden gewünschte Emotionen hervorrufen, die den Kunden im Idealfall zu einer Interaktion animieren.

Die Ergebnisse der Studie von Araujo (2018) zeigen, dass die Simulierung von menschlichen Verhaltensweisen, beispielsweise durch den Einsatz eines menschenähnlichen Namens und einem passenden Sprachstil, die Attraktivität der Chatbots potenziell erhöhen kann. Laut Araujo (2018) nehmen die Kunden die Mitteilungen eher wahr, wenn diese den Chatbot mit einen menschlichen Gesprächspartner assoziieren (Araujo 2018). Zu ähnlichen Erkenntnissen kommen die Autoren Cort und Gillespie (2016), welche ihrerseits untersuchen, inwiefern Kunden dazu bereit sind, Chatbots bei aufkommenden Missverständnissen zu korrigieren. Die Autoren ziehen aus der Untersuchung das Fazit, dass die Interaktion mit „menschenähnlichen" Chatbots im Vergleich zur automatisierten Alternative bevorzugt wird

(Corti und Gillespie 2016). Ciechanowski et al. (2019) fundieren diese Aussage mit der Erkenntnis, dass „menschenähnliche" Chatbots als kompetenter wahrgenommen werden (Ciechanowski et al. 2019). Auch die Studie von Gnewuch et al. (2018) bestätigt die Präferenz der Kunden gegenüber einer natürlichen Interaktion mit einem Chatbot. In einem Online-Experiment untersuchen die Autoren Gnewuch et al. (2018) die Benutzerwahrnehmungen im Zusammenhang mit variierenden Antwortzeiten eines Chatbots und den daraus resultierenden Auswirkungen auf die Kundenzufriedenheit. Die Ergebnisse dieses Experiments zeigen, dass sich bewusste Verzögerungen, die dennoch als natürlich wahrgenommen werden, bei der Informationsübermittlung positiv auf die Kundenzufriedenheit auswirken können. Laut Gnewuch et al. (2018) kann diese Erkenntnis dafür genutzt werden, um die Interaktion mit einem Chatbot natürlicher zu gestalten: *„This finding supports the assumption that dynamically delaying responses is an effective way to "humanize" a chatbot and make conversations more natural to the user"* (Gnewuch et al. 2018, S. 11).

4.2.2 Kaufphase

Mit dem Einsatz von Chatbots ergeben sich für die Unternehmen neue Möglichkeiten die Kunden von der Phase der Aufmerksamkeit in die entscheidende Kaufphase zu begleiten. Innerhalb der Kaufphase können Chatbots als Beratungs- oder Shopping-Assistent fungieren und den Kunden effektiv bei der Informationsbereitstellung und dem anschließenden Bezahlprozess unterstützen (Cui et al. 2017; Fiore et al. 2019a).

Persönliche Assistenz und Unterstützung im Kaufprozess. Viele Unternehmen integrieren Chatbots auf ihren Webseiten oder Messaging-Plattformen, um den Prozess der Informationssuche zu beschleunigen und die Kunden gezielt über die eigenen Produkte oder Dienstleistungen zu informieren und zum Kauf anzuregen. Chatbots können aus dem Verhalten der Kunden lernen und auf Basis der gesammelten Daten und dem Wissen über die Bedürfnisse individuelle Empfehlungen aussprechen (Vassinen 2018). Fiore et al. (2019) sprechen in diesem Zusammenhang von „virtual customer assistants", die den Kunden über die Bereitstellung von Informationen neue Kaufanreize bieten. Ein beispielhaftes Unternehmen ist die Flugesellschaft SAS, die den Kunden innerhalb des Facebook Messengers bei der Auswahl und Buchung von geeigneten Flügen unterstützt (Fiore et al. 2019a).

Cui et al. (2017) präsentieren in ihrer Publikation einen Chatbot, dessen Potentiale in der effektiven Informationsbereitstellung liegt. Dieser Chatbot mit dem Namen „SuperAgent" ist in der Lage, produktspezifische Fragen mithilfe von Frage- und Antwort Modulen zu beantworten. „SuperAgent" wählt auf Basis unterschiedlicher Datenquellen wie beispielsweise vorhandener Kundenanfragen, Kundenbewertungen oder Produktinformationen die passende und auf die Bedürfnisse der Kunden abgestimmte Antwortmöglichkeit aus. Im Gegensatz zu vergleichbaren Systemen, nutzt „SuperAgent" bereits vorhandene Produktbeschreibungen und nutzergenerierte Inhalte von unterschiedlichen Webseiten, wodurch der Zeitaufwand für den Aufbau der Wissensdomäne erheblich reduziert werden kann (Cui et al. 2017). Die vielversprechenden Einsatzmöglichkeiten von Chatbots in der konkreten Kaufphase der CJ zeigt die Entwicklung von WeChat von einer reinen Messaging-Plattform hin zu einer

Zahlungspattform. WeChat ist das chinesische Pendant zu What's App und unterstützt den gesamten Kauf- und Bezahlprozess der Kunden. Um den *Kaufprozess* zu einem einzigen mobilen Erlebnis zu machen, bietet *WeChat* die Option des „Mobilen Bezahlens" an, bei der die Kunden innerhalb der Plattform bequem untereinander Zahlungen austauschen können (Vassinen 2018). Durch die Abwicklung des Bezahlprozess über das Nachrichtensystem der Plattform, können Chatbots auf bereits vorhandene Zahlungsmethoden sicher und zuverlässig zurückkreifen, ohne dass der Nutzer wie beispielsweise bei einer Neuinstallation einer Applikation, die Zahlungsdienste erneut eingeben und verbinden muss (Klopfenstein et al. 2017).

4.2.3 Nachkaufphase

Der Kundenservice spielt innerhalb der Nachkaufphase eine entscheidende Rolle, um die Kundenzufriedenheit und die Beziehung zum Kunden aufrechtzuerhalten. Chatbots ermöglichen im Falle von Beschwerden, technischen Unklarheiten und sonstigen Anliegen eine hilfreiche und effiziente Alternative zum klassischen Kundenservice (Zumstein und Hundertmark 2017).

Einsatz im Kundenservice. Im Kundenservice gelten Chatbots als neuer Trend der Kundenkommunikation. Die Mehrzahl der Autoren sehen das Potential in Chatbots vor allem im Bereich Social Media als eine vielversprechende Alternative zu den herkömmlichen TPs. Die steigenden Anforderungen an den Kundenservice führen dazu, dass zunehmend Chatbots eingesetzt werden, um die Vielzahl an Kundenanfragen effizient zu bearbeiten (Følstad und Skjuve 2019; Grudin und Jacques 2019; Zarouali et al. 2018). Laut Cui et al. (2017) besitzt der Anwendungsbereich des Kundenservice die größten Optimierungspotentiale: *„Customer service plays an important role in an organization's ability to generate income and revenue. It is often the most resource-intensive department within a company, consuming millions of dollars a year to change the entire perception customers hold"* *(Cui et al. 2017, S. 97).*

Erhöhte Effizienz durch Automatisierung. Die Anforderungen an den Kundenservice haben sich vor allem im Bereich Social Media stark gewandelt (Xu et al. 2017). Durch den Einsatz von Messaging-Plattformen hat sich die Art und Weise der Kommunikation, sowie die Anforderungen der Kunden an die Unternehmen grundlegend verändert (Dale 2016). Immer mehr Unternehmen scheitern, den Kundenanforderungen gerecht zu werden und die Vielzahl an Anfragen zu bearbeiten (Hu et al. 2018). Im Vergleich zu den herkömmlichen TPs, bevorzugen die Kunden vermehrt Chatbots als zentrale Kommunikationsschnittstelle bei Anliegen aller Art (Lam und Hannah 2017; Xu et al. 2017).

Laut Brandtzaeg und Følstad (2017) bevorzugen Kunden die Gespräche mit einem Chatbot im direkten Vergleich zu einer mobilen Applikation aufgrund der natürlicheren und effizienteren Interaktion. Aspekte, wie „convenience" und „immediacy", stehen dabei im zentralen Fokus. Kunden können über den Chatdialog in natürlicher Sprache kommunizieren, Kaufvorschläge erhalten, Bestellungen aufgeben und den Lieferstatus verfolgen (Brandtzaeg und Følstad 2017). Die Kunden erwarten gerade im Zusammenhang mit einfachen Anfragen eine schnelle und zeitnahe Rückmeldung von den Unternehmen (Chung et al. 2018). Die Erkenntnisse aktueller Studien weisen darauf hin, dass der Einsatz von Chatbots vielen Kunden als Alternative zu den klassischen Kanälen entgegenkommt. Die Autoren Xu et al. (2017) unterscheiden in ihrer Studie zu den Benutzeranforderungen auf Social Media Plattformen, zwischen informationellen und emotionalen Benutzeranfragen. Die Autoren kommen zu dem Ergebnis, dass 40% aller Anfragen über Social Media aus rein emotionalen Äußerungen bestehen. Dabei handelt es sich überwiegend um kontextlose Beschwerden und negative Äußerungen ohne wesentlichen Servicecharakter (Xu et al. 2017). Die genannten Ergebnisse zeigen Parallelen zu der Studie von Lam und Hannah (2017), welche sich mit Benutzeranfragen über Twitter beschäftigen. Lam und Hannah (2017) kommen dabei ebenfalls zu der Erkenntnis, dass hinter den getätigten Anfragen nur selten ein konkreter Servicewunsch steht (Lam und Hannah 2017). Ein großer Vorteil von Chatbots besteht darin, diese Art von Anfragen herauszufiltern und automatisiert zu beantworten, wodurch die Antwortzeit wesentlich beschleunigt wird (Xu et al. 2017).

Uneingeschränkte Erreichbarkeit. Die uneingeschränkte Verfügbarkeit und die Möglichkeit der individuellen Kontaktaufnahme zum Unternehmen, stellt für viele Kunden gerade im Kundenservice eine Selbstverständlichkeit dar (Følstad et al. 2018). Chatbots ermöglichen neue Wege, sich den Kundenbedürfnissen anzupassen. Ein zuverlässiger Kundenservice, der zu jeder Tages- und Nachtzeit funktioniert, verbessert die Kundenzufriedenheit nachweislich (Atiyah et al. 2018). Folstad et al. (2018) weisen darauf hin, dass Chatbots den Kunden aufgrund der ständigen Verfügbarkeit einen deutlichen Mehrwert bieten. Die Kunden sind nicht mehr an die Öffnungszeiten des Kundenservice gebunden und erhalten jederzeit eine Rückmeldung auf ihre Anfrage, ohne dabei lange Wartezeiten in Anspruch nehmen zu müssen (Følstad et al. 2018). Chatbots ermöglichen es den Unternehmen, ihren Kunden eine alternative Option zum klassischen Kundenservice bereitzustellen, bei der die Kunden einen effizienten und schnellen Service unabhängig von den Arbeits- und Öffnungszeiten erhalten (Brandtzaeg und Følstad 2017). Aufgrund der 24/7-Verfügbarkeit und der zeitlichen Flexibilität können die Unternehmen ihren Kunden unabhängig aller regionalen Grenzen und Zeitzonen einen gleichbleibenden Service garantieren (Atiyah et al. 2018). Der persönliche Support durch den Einsatz von Chatbots verbessert die Servicequalität und ermöglicht eine Erfüllung der spezifischen Kundenbedürfnisse zu jeder Tageszeit (Chung et al. 2018).

Entlastung des Servicepersonals. Als eine vielversprechende Alternative zum traditionellen Kundenservice liegt das Potential von Chatbots vor allem in der Entlastung des Servicepersonals und einer verbesserten Reaktionsfähigkeit bei Kundenanfragen.

Chatbots ermöglichen eine schnelle und effiziente Abwicklung von einfachen und wiederkehrenden Fragestellungen. Je nach Anfrage kann der Chatbot auf die Informationen in der zugrundeliegenden Wissensdomäne zurückgreifen und das Anliegen der Kunden selbstständig bearbeiten und lösen. Werden Anfragen oder Probleme zu komplex, so leitet der Chatbot das Anliegen an den menschlichen Kollegen weiter, wodurch der normale Serviceprozess angestoßen wird. Dies gewährleistet eine konstante Servicequalität und verbessert insgesamt die UX. Laut Grudin und Jacques (2019) sollte die automatische Eskalation an einen Servicemitarbeiter bei der Implementierung eines Chatbots beachtet werden (Grudin und Jacques 2019).

Viele Kunden bevorzugen die Möglichkeit bei einfachen Anliegen zuerst einen Chatbot kontaktieren zu können und betrachten Chatbots als eine potentielle Alternative (Følstad und Skjuve 2019). In Hinblick auf Geschwindigkeit und Genauigkeit, vor allem bei der

Beantwortung von einfachen Anliegen, sind Chatbots menschlichen Mitarbeitern überlegen (Atiyah et al. 2018). Der Einsatz von Chatbots kann darüber hinaus zu einer Verbesserung der CX beitragen. Aktuelle Studien belegen, dass ein Versagen eines Chatbots keine negativen Auswirkungen auf die CX besitzt, solange der Kunde direkte Unterstützung durch einen menschlichen Mitarbeiter erhält (Følstad und Skjuve 2019). Mithilfe von Chatbots können Unternehmen ihren Kundenservice erweitern und effizient bei der Beantwortung von einfachen und sich wiederholenden Kundenanfragen unterstützen. Im Vergleich zu dem traditionellen Kundenservice, stellen Chatbots eine kostengünstige Alternative dar (Cui et al. 2017).

5 Inhaltliche Diskussion der Ergebnisse

Im vorangegangenen Kapitel wurden die zentralen Forschungsfragen dieser Bachelorarbeit beantwortet. Anhand der Ergebnisse der Literaturanalyse, dem aktuellen Wissensstand und den Potentialen von Chatbots entlang der CJ, erfolgt nun eine inhaltliche Diskussion der Ergebnisse, sowie die praxisrelevante Abbildung von möglichen Implikationen. Darüber hinaus sollen durch das Aufzeigen der Forschungsagenda und aktuellen Forschungslücken, zukünftig relevante Forschungsfragen abgeleitet werden. Die Forschungsagenda ermöglicht einen Einblick in die mögliche Zukunft innerhalb der Implementierung von Chatbots entlang der CJ und soll als Förderung zukünftiger wissenschaftlicher Arbeiten verstanden werden.

5.1 Implikationen und weiterer Forschungsbedarf

Diese Bachelorarbeit hat sich mit der Beantwortung der Forschungsfragen über die Motive und Potentiale von Chatbots entlang der CJ befasst. Auf Basis der Untersuchungsergebnisse können theoretische und praktische Implikationen, sowie zukünftige Forschungsfragen abgeleitet werden. Die digitale Transformation ist in unserer Gesellschaft bereits überall präsent. Die Veränderung und Entwicklungen innerhalb der Interaktion mit den Kunden, schreiten durch Innovationen im Bereich der AI zunehmend voran und stellen Unternehmen vor die Herausforderung, den individuellen Bedürfnissen der Kunden entlang der kompletten CJ gerecht zu werden (Ikumoro und Jawad 2019). Diese Bachelorarbeit hatte das Ziel, die Potentiale und Motive von Chatbots entlang der CJ zu analysieren und aufzuzeigen. Die SLA zeigte auf, dass die wissenschaftliche Forschung zum Thema Chatbot im Kontext der CJ, bisher unzureichend erforscht und thematisch abgrenzt wurde. Die vorhandene Literatur, insbesondere die Veröffentlichung von hochwertigen „peer-reviewed" Artikeln, beschränkt sich auf wenige Publikationen, die sich bisher weder detailliert auf den Einsatz noch auf die Potentiale von Chatbots konzentrieren.

Dieses Kapitel beinhaltet eine inhaltliche Zusammenfassung der Ergebnisse und eine kritische Auseinandersetzung mit den vorliegenden Implikationen und dem notwendigen zukünftigen Forschungsbedarf. Die nachfolgend aufgezeigten Implikationen sollen einen Anreiz für die zukünftige Forschung darstellen.

Implikationen und zukünftiger Forschungsbedarf. Die Literaturanalyse zur Beantwortung der Forschungsfragen hat ergeben, dass die Kunden die Motivation für die Nutzung von Chatbots vor allem aus Gründen der Produktivität, ständigen Verfügbarkeit, Unterhaltung, sozialen Faktoren und Neugierde sehen (Brandtzaeg und Følstad 2017). Wissenschaftliche Studien, bei denen die Motive aus der Sicht der Unternehmen betrachten werden, verwenden Chatbots überwiegend, um wichtige Kundeninformationen zu erhalten, den Kunden effektiv und automatisiert anzusprechen und langfristig gesehen, umfangreiche Einsparungspotentiale zu erzielen. Darüber hinaus werden Chatbots unter anderem für die interne Kommunikation und Zusammenarbeit verwendet, bei der die eingesetzte Automatisierung wertvolle Hilfestellungen im Alltag der Unternehmen leistet (Zumstein und Hundertmark 2017). Ein möglicher Forschungsansatz wäre die Betrachtung der innerbetrieblichen Wahrnehmung von Chatbots. Wie werden Chatbots von den Mitarbeitern wahrgenommen? Können Chatbots Mitarbeiter in naher Zukunft vollkommen ersetzen? Ein Einblick in die Sorgen und Ängste der

Mitarbeiter, in Bezug auf die Implementierung von Chatbots und den bisherigen praktischen Erfahrungen, könnte zu einer verbesserten Wahrnehmung und Akzeptanz innerhalb der Chatbot-Technologie beitragen. Für die Automatisierung von einfachen Kundenanliegen spielt neben der Motivation auch die Akzeptanz der Kunden eine entscheidende Rolle. Bei komplexen Anliegen legen bisherige wissenschaftliche Studien nahe, dass ein Großteil der Kunden den Einsatz von Chatbots eher kritisch gegenübersteht (2018; Grudin und Jacques 2019). Für die zukünftige Forschung wäre es deshalb interessant, die Akzeptanz der Kunden gegenüber Chatbots bzw. die Gründe für die Ablehnung zu untersuchen, um die Implementierung von Chatbots weiter zu fördern.

Die vorgenommene Einteilung in die Vorkauf-, Kauf-, und Nachkaufphase hat die übersichtliche Darstellung der Potentiale für die jeweiligen Kaufphasen ermöglicht. Die erzielten Erkenntnisse durch die Literaturrecherche haben verdeutlicht, dass Chatbots durchaus in der Lage sind bestimmte Kundenbedürfnisse an den unterschiedlichen TPs zu erfüllen. Innerhalb der Personalisierung und der individuellen Kundenansprache im Marketing, besitzen Chatbots das große Potential, den Wunsch der Kunden nach personalisierten Erlebnissen zu befriedigen. Dabei spielt vor allem die personalisierte Dialogführung eine wichtige Rolle, welche sich als wesentlicher Erfolgsfaktor in der Echtzeitkommunikation erweist (Ikumoro und Jawad 2019). Durch das Sammeln wichtiger Informationen über das Kaufverhalten der Kunden, können Chatbots individualisierte Werbeanzeigen auf Basis der persönlichen Vorlieben schalten. Das Wissen über das Kaufverhalten der einzelnen Kunden kann dafür verwendet werden, um eine persönliche Verbindung zum Kunden aufzubauen. Dadurch, dass der Chatbot die Bedürfnisse und Präferenzen der Kunden entlang der CJ herausarbeitet, kann er individualisierte Angebote und Empfehlungen unterbreiten (Van den Broeck et al. 2019).

Wie viele wissenschaftliche Studien bereits aufzeigen, stehen den vielversprechenden Potentialen aber auch große Herausforderungen, Risiken und überhöhte Erwartungen gegenüber. Neben den positiven Aspekten sollten allerdings auch mögliche Problemfelder in die zukünftige Forschung miteinbezogen werden. Darüber hinaus bleibt anzumerken, dass diese Bachelorarbeit den zentralen Fokus ausschließlich auf die Potentiale von Chatbots gelegt hat, weshalb eine zusätzliche Betrachtung der Risiken und Herausforderungen erforderlich ist. Aus diesem Grund sollte die zukünftige Forschung vermehrt die Herausforderungen und Risiken von Chatbots berücksichtigen. Mögliche wissenschaftliche Forschung könnte sich beispielsweise mit der Gegenüberstellung der Chancen durch den Chatbot-Einsatz und den aktuellen Risiken, welche die derzeitige Implementierung von Chatbots entlang der CJ beeinträchtigen, beschäftigen.

Weitere Herausforderungen innerhalb der Chatbot-Technologie stellt der Umgang mit sensiblen Daten und Informationen sowie der Thematik der Datensicherheit dar. Die auf Seiten der Kunden empfundenen Bedenken im Bereich der Datensicherung und ordnungsgemäßen Umgang mit Informationen, sollte innerhalb der zukünftigen Forschung zusätzlich berücksichtigt werden. Wie mehrere Studien bereits aufzeigen, spielt der Aspekt der Transparenz innerhalb der Kundeninteraktion eine wichtige Rolle (Fiore et al. 2019a; Jain et al. 2018). Dabei schätzen es die Kunden sehr, wenn der Chatbot vor Beginn der Unterhaltung die Fähigkeiten und Funktionen vorstellt. Aus dieser Information lässt sich ableiten, dass Unternehmen vor allem im Umgang mit den Daten der Kunden proaktiv und sensibel vorgehen, und den Umgang mit diesen auch transparent nach außen kommunizieren, sollten. Das Vertrauen der Kunden in den sensiblen Umgang mit den Daten und Informationen sollte für die Unternehmen bei Implementierung von Chatbots auf oberster Priorität stehen.

Eine weitere Problematik im Umgang mit Chatbots sind die erhöhten Erwartungen der Kunden im Bereich der Fähigkeiten und Intelligenz der Chatbots. Das Thema AI erfährt zunehmendes Interesse in der Öffentlichkeit. Jedoch kann die aktuelle, noch nicht vollkommen ausgereifte Technik von Chatbots zum Problem werden. Vielen Nutzern fehlt das technische Verständnis, weshalb eine falsche Erwartungshaltung entsteht, bei der die Fähigkeiten und Leistungen eines Chatbots mit denen eines menschlichen Gesprächspartner assoziiert werden. Die wissenschaftliche Forschung weist im Bereich der eingesetzten Intelligenz noch viele Forschungslücken auf, weshalb auch die Leistung von Chatbots noch nicht flächendeckend geliefert werden kann. Vor allem im Bereich der selbstlernenden, intelligenten Chatbots stoßen viele Chatbots an ihre technischen Grenzen ihrer eingesetzten Funktionen. Im Zuge der technologischen Fortschritte könnte sich die zukünftige Forschung mit den erwarteten Entwicklungen im Bereich der AI befassen. Entsprechend wichtig ist es, die Lernfähigkeit der Chatbots weiter zu verbessern, um fehlerhafte Implementierungen von Chatbots zu vermeiden.

Innerhalb der aktuellen Forschung im Bereich des effizienten Einsatzes von Chatbots für die *Kaufphase*, gilt es einige Forschungslücken zu schließen. Wie die Literaturanalyse gezeigt und in Abbildung 10 veranschaulicht, konnte für die Kaufphase nur eine geringe Anzahl an wissenschaftlichen Studien zugeordnet werden.

Besonders der Einsatz von Chatbots zur Unterstützung des Bezahl-prozesses bleibt weiterhin ein relevantes Thema. In der zukünftigen Forschung könnte überprüft werden, inwieweit sich die Entwicklungen und Fortschritte im Bereich AI innerhalb der wissenschaftlichen Forschung in den nächsten Jahren verändert und weiterentwickeln könnte. Betrachtet man die chinesische Social-Media-Plattform „WeChat", so geben die technischen Möglichkeiten und derzeitigen Anwendungsgebiete von Chatbots schon heute den Blick auf das viel-versprechende Potential für die Automatisierung des Kaufprozesses frei (Cui et al. 2017). Zukünftige Forschung sollte sich auf die Weiter-entwicklung der Chatbots innerhalb des Bezahlprozess widmen, um den Kunden die Möglichkeit der effizienten Kaufabwicklung zur Ver-fügung zu stellen.

Innerhalb der *Nachkaufphase* konnten die vielversprechendsten Po-tentiale im Bereich des Kundenservices aufgezeigt werden. Beson-ders im Kundenservice, als eine Alternative zu den klassischen TPs, können Chatbots die Mitarbeiter bei der Bearbeitung von einfachen, standardisierten Fragen effektiv unterstützen (Følstad et al. 2018). In dieser Hinsicht wäre eine mögliche Forschungsfrage, inwieweit Chatbots anderen TPs überlegen sind und welche Auswirkung der Einsatz von Chatbots auf die Servicequalität der Unternehmen be-sitzt. Der Einsatz von Chatbots über Social Media wird als eine viel-versprechende Alternative zu den herkömmlichen TPs angesehen (Grudin und Jacques 2019). Im Bereich der Messaging-Plattformen, würde sich eine tiefergehende Analyse der Auswirkungen von Chat-bots auf die Kundenbindung anbieten. Dies liegt darin begründet, dass gerade solche Plattformen für die Kunden eine vertraute und stark frequentierte Umgebung darstellt. Wie Grudin und Jacques (2019) in ihrer Studie verdeutlichen, ist den Kunden der Kontakt zum menschlichen Ansprechpartner dennoch weiterhin, vor allem bei der Beantwortung von komplexen Fragestellungen, wichtig (Grudin und Jacques 2019). Der Übergang zwischen der Interaktion mit einem Chatbot und der Übergabe an den menschlichen Mitarbeiter ist laut Følstad und Skjuve (2019) für das durchgängige Kundenerlebnis und der Generierung einer positiven CX essenziell (Følstad und Skjuve 2019). Zukünftige Forschung könnte sich beispielsweise mit den Auswirkungen von Chatbots auf die CX befassen.

5.2 Limitationen

Im folgenden Abschnitt sollen die theoretischen und methodischen Limitationen dieser Bachelorarbeit aufgezeigt werden. Hierzu war es erforderlich den Rahmen der SLA sinnvoll einzugrenzen. Im Hinblick auf die durchgeführte Literaturrecherche wurden die qualitativen Untersuchungsmethoden und Richtlinien von Brocke et al. (2009), Cooper (1988) und Webster und Watson (2002) angewendet. Vergleichbare Resultate hätte durch die Verwendung von Richtlinien anderer Wissenschaftler ebenfalls erzeugt werden können. Weitere Limitationen liegen in der getroffenen Auswahl der Datenbanken und der Zusammensetzung und Kombinierung der verwendeten Suchbegriffe. Infolgedessen wurde die Literatursuche auf fünf Datenbanken begrenzt. Eine zusätzliche Anzahl an Datenbanken hätte die Auswahl an relevanter Literatur sicherlich erweitert. Eine andere Kombinierung beziehungsweise Auswahl an Suchbegriffen hätte den Suchprozesseventuell beschleunigt und die damit zusammenhängenden Anfangstreffer verfeinert. Wie in Anhang 2 ersichtlich, wurde mit dem Suchstring eine relativ hohe Anfangstrefferzahl an wissenschaftlichen Publikationen erzeugt. Dies hatte zur Folge, dass durch den

Einsatz der Ausschlusskriterien die Anzahl der Publikationen zusätzlich verringert werden musste, um den Auswahl- und Durchsuchungsprozess so einfach wie möglich zu gestalten. Eine genauere Kombinierung der Suchbegriffe hätte den Suchprozess von vorneherein verfeinert und so die Auswahl und Identifikation relevanter Treffer optimiert. Der Einsatz von induktiven Verfahren beziehungsweise Suchbegriffen hätte womöglich aktuellere Publikationen und Erkenntnisse hervorgehoben. Darüber hinaus sollte angemerkt werden, dass die wissenschaftlichen Quellen auf Grundlage der eigenen subjektiven Einschätzung ausgewählt wurden. Zusätzlich konnten nur solche Publikationen integriert werden, bei denen die Volltextversion frei verfügbar waren. Demnach ist nicht auszuschließen, dass passende und thematisch relevante Studien nicht mit in die weitere Auswahl miteinbezogen wurden. Des Weiteren wurden nur englischsprachige Publikationen ausgewählt. Eine zusätzliche Auswahl an Sprachen hätte die Untersuchungsgrundlage erweitert, weshalb eine Einbeziehung von deutschsprachigen Quellen denkbar gewesen wäre. Der Fokus dieser Arbeit wurde auf die Potentiale und Motive gesetzt, weshalb technologischen Entwicklungen weniger detailliert ausgewertet werden konnten. Diese Entscheidung ist durch die Schwerpunktsetzung in meiner Bachelorarbeit zu begründen, bei der ausschließlich die wirtschaftlichen Potentiale mit in die Literaturauswertung miteinbezogen wurde.

6 Fazit

Die Entwicklung und Implementierung von Chatbots basieren auf einer langen Reise, die von Phasen des Hypes aber auch durch Phasen der Enttäuschung geprägt ist. Die vorangegangenen Betrachtungen dieser Bachelorarbeit haben gezeigt, dass Chatbots als neue Möglichkeit innerhalb der Kundeninteraktion vielversprechende Potentiale besitzen, um die TPs entlang der CJ nachhaltig zu beeinflussen. Anhand ausgewählter Potentiale wurde aufgezeigt, welche unterschiedliche Möglichkeiten sich durch den Einsatz von Chatbots für die CJ und die Erzielung einer positiven CX ergeben. Trotz aller Potentiale und Möglichkeiten von Chatbots, muss sich die wissenschaftliche Forschung mit denen in Kapitel 5.1 identifizierten Implikationen befassen, um mögliche Risiken und Erwartungen an den Umgang und Einsatz von Chatbots entlang der CJ weitestgehend zu minimieren. Ein weiterer zu betrachtender Aspekt sind die technologischen Lebenszyklen, welche beispielsweise in dem jährlich aktualisieren „Gartner Hype Cycle" vorgestellt werden (Goasduff 2020). Demnach unterliegt jede Technologie einem eigenen Lebenszyklus, der die Entwicklungen und Erwartungen an die Technologie unterschiedlichen Phasen zuordnet (siehe Anhang 4). Daraus ist erkennbar, welche Technologie sich bereits am Markt etabliert hat oder sich aktuell noch auf dem Weg dorthin entwickelt (Kreutzer 2015). Derzeitig befinden sich Chatbots noch auf ihrem Höhepunkt, sodass sich ihr volles Potential mutmaßlich erst in den kommenden Jahren entfalten wird. Entgegen der vielseitigen Einsatzmöglichkeiten und Potentiale von Chatbots, zeigt der Hype Cycle von 2019 die Tendenz in die Phase „Trough of Disillusionment" („Tiefpunkt der Ernüchterung") zu fallen. Um das generelle Interesse und die erfolgreiche Implementierung von Chatbots weiterhin zu fördern, sollte sich die Wissenschaft vermehrt auf die Weiterentwicklung der Chatbot-Technologie fokussieren, um das Potential von Chatbots auch für die Zukunft weiterhin aufrechtzuerhalten.

Literaturverzeichnis

Araujo, T. 2018. „Living up to the chatbot hype: The influence of anthropomorphic design cues and communicative agency framing on conversational agent and company perceptions", *Computers in Human Behavior* (85), S. 183-189.

Atiyah, A., Jusoh, S. und Almajali, S. (Hg.) 2018. *An efficient search for context-based chatbots,* Malaysia, IEEE.

Becker, W., Botzkowski, T., Stradtmann, M. und Schmid, O. 2017. *Systematische Literaturanalyse als Werkzeug der Forschung,* Bamberg: Otto-Friedrich-Universität.

Böcker, J. 2015. „Die Customer Journey – Chance für mehr Kundennähe", in *Dialogmarketing Perspektiven 2014/2015*: *Tagungsband 9. Wissenschaftlicher Interdisziplinärer Kongress für Dialogmarketing,* Wiesbaden: Springer Gabler, S. 165-177.

Brandtzaeg, P. B. und Følstad, A. 2017. „Why people use chatbots", in *Internet Science,* Internet Science (Hg.), Cham, Springer, S. 377-392.

Brocke, J. V., Simons, A., Niehaves, B., Reimer, K., Plattfaut, R. und Cleven, A. (Hg.) 2009. *Reconstructing the giant: on the importance of rigour in documenting the literature search process.*

Chung, M., Ko, E., Joung, H. und Kim, S. J. 2018. „Chatbot e-service and customer satisfaction regarding luxury brands", *Journal of Business Research,* S. 1-9.

Ciechanowski, L., Przegalinska, A., Magnuski, M. und Gloor, P. 2019. „In the shades of the uncanny valley: An experimental study of human–chatbot interaction", *Future Generation Computer Systems* (92), S. 539-548.

Cooper, H. M. 1988. „Organizing knowledge syntheses: A taxonomy of literature reviews", *Knowledge in society* (1:1), S. 104-126.

Corti, K. und Gillespie, A. 2016. „Co-constructing intersubjectivity with artificial conversational agents: people are more likely to initiate repairs of misunderstandings with agents represented as human", *Computers in Human Behavior* (58), S. 431-442.

Cui, L., Huang, S., Wei, F., Tan, C., Duan, C. und Zhou, M. 2017. „Superagent: A customer service chatbot for e-commerce websites", in *Proceedings of ACL 2017, System Demonstrations*, S. 97-102.

Dale, R. 2016. „The return of the chatbots", *Natural Language Engineering* (22:5), S. 811-817 (doi: 10.1017/S1351324916000243).

Diller, H. 2001. *Vahlens grosses Marketinglexikon*, München: Deutscher Taschenbuch Verlag.

Elsholz, E., Chamberlain, J. und Kruschwitz, U. 2019. „Exploring Language Style in Chatbots to Increase Perceived Product Value and User Engagement", in *Proceedings of the 2019 Conference on Human Information Interaction and Retrieval*, Glasgow, Scotland, S. 301-305.

Fiore, D., Baldauf, M. und Thiel, C. 2019a. „"Forgot your password again?" acceptance and user experience of a chatbot for in-company IT support", in *Proceedings of the 18th International Conference on Mobile and Ubiquitous Multimedia - MUM '19*, F. Paternò, G. Jacucci, M. Rohs und C. Santoro (Hg.), Pisa, Italy. 11/26/2019 - 11/29/2019, New York, New York, USA: ACM Press, S. 1-11.

Fiore, D., Thiel, C. und Baldauf, M. 2019b. „Potenziale von Chatbots für den innerbetrieblichen IT-Support", *HMD Praxis der Wirtschaftsinformatik*, S. 1-12.

Følstad, A. und Brandtzæg, P. B. 2017. „Chatbots and the new world of HCI", *interactions* (24:4), S. 38-42.

Følstad, A., Nordheim, C. B. und Bjørkli, C. A. 2018. „What makes users trust a chatbot for customer service? An exploratory interview study", in *International Conference on Internet Science*, Cham: Springer, S. 194-208.

Følstad, A. und Skjuve, M. 2019. „Chatbots for customer service: user experience and motivation", in *In Proceedings of the International Conference on Conversational User Interfaces (CUI 2019)*, NY, USA, S. 1-9.

Gentsch, P. 2019. *Künstliche Intelligenz für Sales, Marketing und Service: Mit AI und Bots zu einem Algorithmic Business – Konzepte und Best Practices*, Wiesbaden: Springer Gabler.

Gnewuch, U., Morana, S., Adam, M. und Maedche, A. 2018. „Faster is not always better: understanding the effect of dynamic response delays in human-chatbot interaction", in *Twenty-Sixth European Conference on Information Systems(ECIS2018)*, Portsmouth,UK.

Goasduff, L. 2020. *Top Trends on the Gartner Hype Cycle for Artificial Intelligence, 2019.* https://www.gartner.com/smarter-withgartner/top-trends-on-the-gartner-hype-cycle-for-artificial-intelligence-2019/. Zugriff am 26. März 2020.

Grudin, J. und Jacques, R. 2019. „Chatbots, Humbots, and the Quest for Artificial General Intelligence", in *Proceedings of the 2019 CHI Conference on Human Factors in Computing Systems,* Glasgow, Scotland, ACM, S. 1-11.

Halvorsrud, R. und Kvale, K. 2017. „Strengthening customer relationships through Customer Journey Analysis", in *Innovating for Trust*, Edward Elgar Publishing, S. 183-200.

Hu, T., Xu, A., Liu, Z., You, Q., Guo, Y., Sinha, V. und Akkiraju, R. 2018. „Touch your heart: a tone-aware chatbot for customer care on social media", in *Proceedings of the 2018 CHI Conference on Human Factors in Computing Systems,* Montreal QC, Canada. April 21, S. 1-12.

Ikumoro, A. O. und Jawad, M. S. 2019. „Assessing Intelligence Conversation Agent Trends-Chatbots-AI Technology Application for Personalized Marketing", *The Mattingley Publishing Co.,Inc.* (81), S. 4779-4785.

International Conference on Internet Science 2018, Cham: Springer.

Jain, M., Kumar, P.b., Kota, R. und Patel, S. N. 2018. „Evaluating and informing the design of chatbots", in *Proceedings of the 2018 Designing Interactive Systems Conference,* Hong Kong, China, S. 895-906.

Kamps, I. und Schetter, D. 2018. *Performance Marketing: Der Wegweiser zu einem mess- und steuerbaren Marketing – Einführung in Instrumente, Methoden und Technik,* Wiesbaden: Springer Fachmedien Wiesbaden.

Keller, B. und Ott, C. S. (Hg.) 2017. *Touchpoint Management: Entlang der Custumer Journey erfolgreich agieren,* Freiburg, München, Stuttgart: Haufe Gruppe.

Khan, R. und Das, A. 2018. „Introduction to Chatbots", in *Build Better Chatbots,* R. Khan und A. Das (Hg.), Berkeley, CA: Apress, S. 1-11.

Klopfenstein, L. C., Delpriori, S., Malatini, S. und Bogliolo, A. 2017. „The rise of bots: A survey of conversational interfaces, patterns, and paradigms", in *Proceedings of the 2017 conference on designing interactive systems,* Edinburgh, United Kingdom: ACM Press, S. 555-565.

Kotler, P., Armstrong, G., Harris, L. C. und Piercy, N. 2019. *Grundlagen des Marketing,* München: Pearson Studium ein Imprint von Pearson Deutschland.

Kreutzer, R. T. 2015. *Digitale Revolution: Auswirkungen auf das Marketing,* Wiesbaden: Springer Gabler.

Kruse Brandão, T. und Wolfram, G. 2018. *Digital Connection: Die bessere Customer Journey mit smarten Technologien – Strategie und Praxisbeispiele*, Wiesbaden: Springer Gabler.

Lam, C. und Hannah, M. A. 2017. „The social help desk: Examining how Twitter is used as a technical support tool", *Communication Design Quarterly Review* (4:2), S. 37-51.

Lemon, K. N. und Verhoef, P. C. 2016. „Understanding customer experience throughout the customer journey", *Journal of marketing* (80:6), S. 69-96.

Messina, C. 2015. *Conversational commerce - Chris Messina - Medium*. https://medium.com/chris-messina/conversational-commerce-92e0bccfc3ff. Zugriff am 4. März 2020.

Messina, C. 2016. *2016 will be the year of conversational commerce - Chris Messina - Medium*. https://medium.com/chris-messina/2016-will-be-the-year-of-conversational-commerce-1586e85e3991#.bsdskkyji. Zugriff am 4. März 2020.

Michiels, E. (Hg.) 2017. *Modelling Chatbots with a Cognitive System Allows for a Differentiating User Experience.*

Nimavat, K. und Champaneria, T. 2017. „Chatbots: An overview. Types, Architecture, Tools and Future Possibilities", *International Journal for Scientific Research & Development*, S. 1019-1026.

Ochsenkühn, C. 2017. „Mit Chatbots und Voice zum flexiblen, Kontext- unterstützenden Arbeiten in der digitalen Welt", *Red Stack Magazin* (6), S. 35-38.

Puccinelli, N. M., Goodstein, R. C., Grewal, D., Price, R., Raghubir, P. und Stewart, D. 2009. „Customer experience management in retailing: understanding the buying process", *Journal of Retailing* (85:1), S. 15-30.

Radziwill, N. und Benton, M. 2017. „Evaluating Quality of Chatbots and Intelligent Conversational Agents", *Software Quality Professional* (19:3), S. 25-36.

Rawson, A., Duncan, E. und Jones, C. 2013. „The truth about customer experience", *Harvard business review* (91:9), S. 90-98.

Rehse, J. 2020. *E-Commerce Trends 2020- Was denken Online-shopper über den Handel von morgen.* https://www.idealo.de/unternehmen/wp-content/uploads/sites/33/2020/01/2020-01-16_idealo_E-Commerce-Trends-2020_Whitepaper.pdf.

Schmitt, B., Brakus, J. J. und Zarantonello, L. 2015. „From experiential psychology to consumer experience", *Journal of Consumer Psychology* (25:1), S. 166-171.

Shawar, B. A. und Atwell, E. 2007. „Chatbots: Are they Really Useful?", *Zeitschrift für Computerlinguistik und Sprachtechnologie*, S. 29-49.

Spierling, U. 2018. „Chatbots und mediengestütze Konversation", in *Media Management: Ein interdisziplinäres Kompendium*, C. Kochhan und A. Moutchnik (Hg.), Wiesbaden: Springer Gabler, S. 387-408.

Strong, E. K. 1925. *The psychology of selling and advertising*, McGraw-Hill book Company, Incorporated.

Taylor, P. N. 2017. „Customer Contact Journey Prediction", in *International Conference on Innovative Techniques and Applications of Artificial Intelligence,* Cham, Springer, S. 278-290.

Thies, I. M., Menon, N., Magapu, S., Subramony, M. und O'neill, J. 2017. „How do you want your chatbot? An exploratory Wizard-of-Oz study with young, urban Indians", in *IFIP Conference on Human-Computer Interaction*, Springer International Publishing, S. 441-459.

Turing, A. M. 1995. „Can a Machine Think?", in *Computers and thought*, Menlo Park: AAAI Press, S. 11-38.

Van den Broeck, E., Zarouali, B. und Poels, K. 2019. „Chatbot advertising effectiveness: When does the message get through?", *Computers in Human Behavior* (98), S. 150-157.

Vassinen, R. 2018. „The rise of conversational commerce: What brands need to know", *Journal of Brand Strategy* (7:1), S. 13-22.

Wagener, A. 2019. *Künstliche Intelligenz im Marketing - ein Crashkurs*, Freiburg: Haufe Group.

Webster, J. und Watson, R. T. 2002. „Analyzing the past to prepare for the future: Writing a literature review", *MIS Quarterly*, S. xiii-xxiii.

Xu, A., Liu, Z., Guo, Y., Sinha, V. und Akkiraju, R. 2017. „A new chatbot for customer service on social media", in *Proceedings of the 2017 CHI Conference on Human Factors in Computing Systems,* Colorado, USA: ACM Press, ACM, S. 3506-3510.

Zamora, J. 2017. „I'm sorry, dave, i'm afraid i can't do that: Chatbot perception and expectations", in *Proceedings of the 5th International Conference on Human Agent Interaction,* Bielefeld, Germany: ACM Press, S. 253-260.

Zarouali, B., Van den Broeck, E., Walrave, M. und Poels, K. 2018. „Predicting Consumer Responses to a Chatbot on Facebook", *CyberPsychology, Behavior & Social Networking* (21:8), S. 491-497 (doi: 10.1089/cyber.2017.0518).

Zinkann, R. und Mahadevan, J. 2018. „Zukünftige Customer Journeys und deren Implikationen für die Unternehmenspraxis", in *Marketing Weiterdenken: Zukunftspfade für eine marktorientierte Unternehmensführung*, M. Bruhn und M. Kirchgeorg (Hg.), Wiesbaden: Springer Fachmedien, S. 157-169.

Zumstein, D. und Hundertmark, S. 2017. „Chatbots : an interactive technology for personalized communication and transaction", *IADIS International Journal on WWW/Internet* (15:1), S. 96-109.

Anhang

Refine by Publication Year

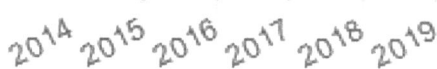

Published Since 2014

Anhang 1: Übersicht der kontinuierlichen Zunahme an veröffentlichen
Publikationen zu den eingegebenen Suchbegriffen ab dem Jahr 2016
Quelle: ACM

Suchzeitraum: Januar- Februar 2020	Refinements				Step 1:	Step 2:	Step 3:
Search string	Database Selection	Search period: 2016 onwards	Peer-reviewed	Language: English	Title, Keywords	Abstract	Final Selection
("customer experience*" OR "customer journey*" OR "customer touchpoint*" OR virtual* OR marketing) AND (artificial* OR conversational* OR chatbot*)	ACM	1744	1.317		31		8
	AIS Electronic Library (AISeL)	946	108		34	6	1
	EBSCO	2433	461	234	80	12	2
	Web of Science	1564	675	342	88	23	4
	Science Direct	6620	879		140	45	4
						Datenbanken	19
						Backward	5
						Final	24

Anhang 2: Filterungsprozess innerhalb der verwendeten Datenbanken
Quelle: eigene Darstellung

69

ID	Paper	Author	Type	Outlet	Context	Major findings
1	Co-constructing intersubjectivity with artificial conversational agents: people are more likely to initiate repairs of misunderstandings with agents represented as human	Corti& Gillespie (2016)	Artikel	Science Direct	Einflussfaktoren auf die Human-Chatbot Interaktion	Höhere Akzeptanz von "menschenähnlich" agierenden Chatbots im Vergleich zu automatisierten Chatbots
2	Why People Use Chatbots	Brandtzaeg& Følstad (2017)	Konferenz	Web of Science	Motive für den Einsatz von Chatbots	Produktivität als Hauptmotiv der Kunden
3	SuperAgent: A Customer Service Chatbot for E-commerce Websites	Cui et al. (2017)	Konferenz	Web of Science	Entwicklung eines Chatbots für e-Commerce Webseiten	Praxisbeispiel SuperAgent zur Beantwortung von produktspezifischen Anfragen
4	The Rise of Bots: A Survey of Conversational Interfaces, Patterns, and Paradigms	Klopfenstein et al. (2017)	Konferenz	ACM	Einsatz von Chatbots auf Messaging-Plattformen	Chancen, Trends und Herausforderungen
5	The social help desk: examining how Twitter is used as a technical support tool	Lam& Hannah (2017)	Zeitschrift	ACM	Kundenservice auf Social Media Plattformen	Großteil der der Anfragen auf Twitter sind kontextlose Beschwerden/Anliegen ohne konkreten Servicewunsch
6	How do you want your chatbot? An exploratory Wizard-of-Oz study with young, urban Indians	Thies et al. (2017)	Konferenz	Backward	Auswirkungen unterschiedlicher Chatbot-Persönlichkeiten	Diskrepanz zwischen den Erwartungen der Nutzer und den Fähigkeiten des Chatbots
7	A New Chatbot for Customer Service on Social Media	Xu et al. (2017)	Konferenz	ACM	Benutzeranforderungen auf Social Media Plattformen	Unterscheidung zwischen emotionalen und informationellen Anfragen. 40% aller Anfragen auf Social Media basieren auf rein emotionalen Äußerungen ohne kontextbezogenen Inhalt
8	Living Up to the Chatbot Hype: The Influence of Anthropomorphic Design Cues and Communicative Agency Framing on Conversational Agent and Company Perceptions	Araujo (2018)	Zeitschrift	Web of Science	Einfluss der Persönlichkeit auf die Wahrnehmung und Interaktion mit dem Kunden	Simulation von menschlichen Attributen kann die Akzeptanz der Kunden verbessern
9	An Efficient Search for Context-Based Chatbots	Aliyah et al. (2018)	Konferenz	Backward	Chatbot-Effizienz	24/7-Verfügbarkeit eines Chatbots beeinflusst die Kundenzufriedenheit nachweislich
10	Chatbot e-service and customer satisfaction regarding luxury brands	Chung et al. (2018)	Zeitschrift	Science Direct	Einsatz von Chatbots im Marketing für Luxuswaren	"accuracy" and "credibility" als ausschlaggebende Faktoren für die Zufriedenheit
11	What Makes Users Trust a Chatbot for Customer Service? An Exploratory Interview Study	Følstad et al (2018)	Konferenz	Web of Science	Einflussfaktoren von Chatbots	Effektivität und Effizienz als wichtiges Kriterium für den Erfolg und die Akzeptanz

ID	Paper	Author	Type	Outlet	Context	Major findings
12	Faster is not always better: understanding the effect of dynamic response delays in human-chatbot interaction	Gnewuch et al. (2018)	Zeitschrift	AIS	Benutzerwahrnehmungen, Einfluss von variierenden Antwortzeiten	Bewusste Verzögerungen wirken sich positiv auf die Kundenzufriedenheit aus
13	Touch Your Heart: A Tone-aware Chatbot for Customer Care on Social Media	Hu et al. (2018)	Konferenz	ACM	Auswirkungen auf User Experience	Passend eingesetzter Kommunikationsstil besitzt positive Auswirkungen auf das Engagement der Kunden
14	The rise of conversational commerce: What brands need to know	Vassinen (2018)	Zeitschrift	EBSCO	Personalisierung, WeChat	Auswirkungen von Conversational Commerce auf Verbraucherverhalten
15	Predicting Consumer Responses to a Chatbot on Facebook	Zarouali et al. (2018)	Zeitschrift	Backward	Effizienz von Chatbots im Marketingkontext	Wahrgenommene "usefulness" und "helpfulness" als positive Prädiktoren für den Einsatz von Chatbots
16	Chatbots : an interactive technology for personalized communication and transaction	Zumstein & Hundertmark (2018)	Artikel	EBSCO	Einsatzmöglichkeiten von Chatbots	Konzept und Prototyp eines Chatbots als persönlicher Reisebegleiter
17	In the Shades of the Uncanny Valley: An Experimental Study of Human–Chatbot Interaction	Ciechanowski et al. (2019)	Zeitschrift	Science Direct	Wahrnehmung von Chatbots	Menschenähnliche Chatbots werden als kompetenter wahrgenommen
18	Forgot Your Password Again?" - Acceptance and UserExperience of a Chatbot for In-Company IT Support	Fiore et al. (2019)	Konferenz	ACM	Integration eines Chatbots innerhalb des IT Service Desks	Einsatz von "virtual customer assistants"
19	Chatbots for Customer Service: User Experience and Motivation	Følstad & Skjuve (2019)	Konferenz	ACM	Auswirkungen von Chatbots auf die User Experience	Gescheiterte Interaktionen mit einem Chatbot haben keinen negativen Einfluss auf die Customer Experience bei sofortiger Eskalation an einen Mitarbeiter
20	Chatbots, Humbots, and the Quest for Artificial General Intelligence	Grudin & Jacques (2019)	Konferenz	ACM	Möglichkeiten und Grenzen von aufgabenbasierten Chatbots	Unerfüllte Kundenerwartungen, überhöhte Erwartungen an Chatbots
21	Assessing Intelligence Conversation Agent Trends-Chatbots-AI Technology Application for Personalized Marketing	Ikumoro & Jawad (2019)	Zeitschrift	Backward	Personalisierung im Marketing mithilfe von AI-Chatbots	AI-Chatbots als Erfolgsfaktor in der effizienten Marketingkommunikation
22	Evaluating and Informing the Design of Chatbots	Jain et al. (2019)	Konferenz	ACM	Benutzeranforderungen an Messenger-Chatbots	Chatbots sollten zu Beginn einer Unterhaltung die Fähigkeiten und Funktionen vorstellen
23	Chatbot Advertising Effectiveness: when does the message get through?	Van den Broeck et al. (2019)	Zeitschrift	Science Direct	Effektivität von Chatbots innerhalb der Marketing-Kommunikation	Die Determinanten „helpfulness" und „usefulness" korrelieren positiv mit der wahrgenommenen „intrusiveness" zukünftiger Werbewirkungen

Anhang 3: Literaturliste

Quelle: eigene Darstellung

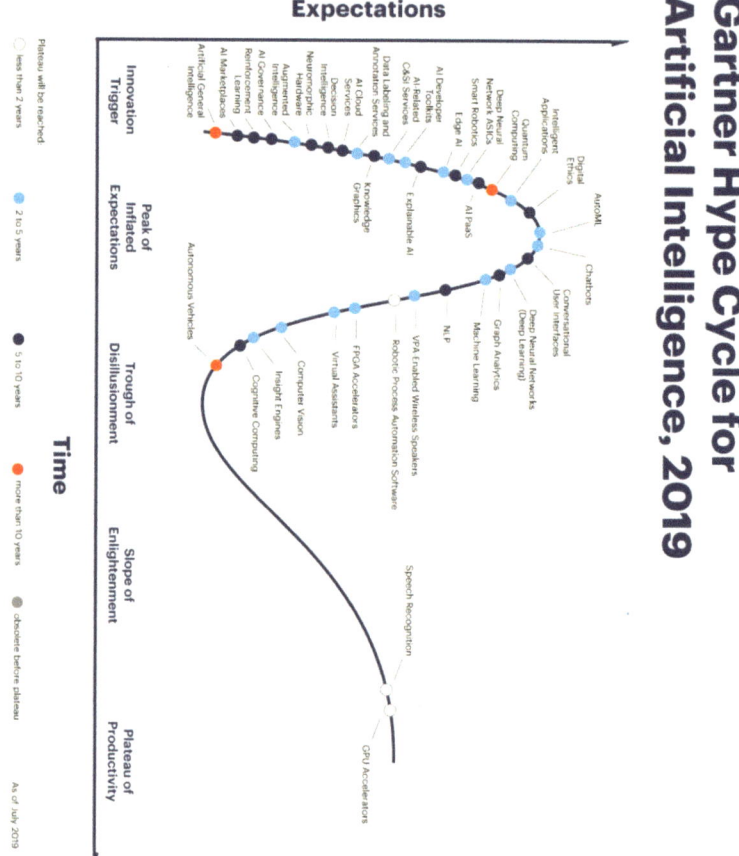

Anhang 4: Gartner Hype Cycle
Quelle:https://www.gartner.com/smarterwithgartner/top-trends-on-the-gartner-hype-cycle-for-artificial-intelligence-2019/ , zuletzt aufgerufen am 26.03.2020